LEONARDO DA VINCI
Anatomische Zeichnungen

LEONARDO DA VINCI

Anatomische Zeichnungen

Text von
Dr. Jean Mathé

parkland

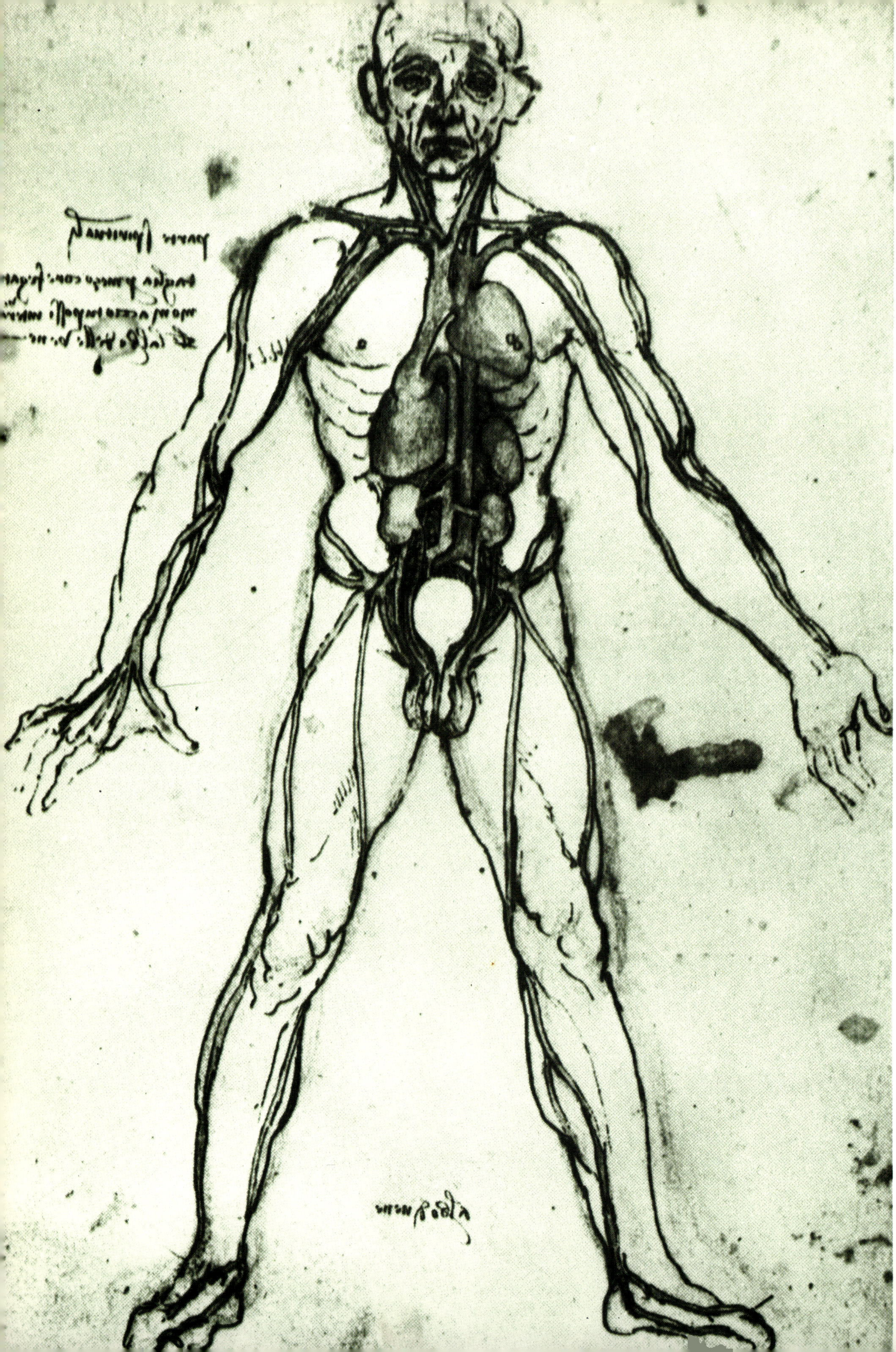

Die Verleger danken

Ihrer Majestät, der Königin von England, für die freundliche Erlaubnis, die anatomischen Zeichnungen Leonardos aus der Sammlung der Königlichen Bibliothek von Schloss Windsor zu reproduzieren.

Sanft und verträumt ist das kleine Dorf Vinci, wo am 15. April 1452 Leonardo geboren wurde. Die alten rotbraunen Steinhäuser – darunter Leonardos Geburtshaus, heute ein Museum – schlummern in der blauen Luft, zusammengedrängt um den Turm des Schlosses und den Campanile der Kirche, im dunkelgrünen Schatten der Zypressen. Auf einer Anhöhe gegenüber dem Monte Albano liegt die Ortschaft, hoch über dem fruchtbaren Tal des Arno, der sich träge zwischen kleinen Weingärten, üppigen Feldern und knorrigen Olivenhainen hindurchschlängelt.

Wie ein Pastellbild badet diese freundliche, friedliche Landschaft im legendären Licht der Toskana; hier entzündet sich Anfang des fünfzehnten Jahrhunderts die leuchtende Flamme der Renaissance und ergreift bald das nahegelegene stolze Florenz der Medici.

Was liegt daran, daß Leonardo das uneheliche Kind eines rüstigen sechzigjährigen Notars, Ser Piero, und einer Dienstmagd war? Was liegt daran, daß er vier Jahre lang in dem Nachbardorf Anchiano in Pflege war, bevor man ihn an den häuslichen Herd zurückholte, und zwar anläßlich der dritten Verehelichung seines unermüdlichen Vaters, der noch mit fünfundsiebzig ein Kind zeugte? Was liegt an den Unklarheiten und Ungenauigkeiten einer lückenhaften, umstrittenen Biographie?

Das Wesentliche ist, daß Leonardo allein aufwächst. Er streift über die vergoldeten Hügel der Toskana und entdeckt dort die üppigen Geheimnisse der Natur und auch die Fragen, auf die er später zu antworten versuchen wird. Er ist fasziniert vom Flug der Vögel, von der Mannigfaltigkeit der Blumen, von der kalten Schönheit der Steine, vom Spiel der Lichter und Schatten in der Landschaft. Er sieht darin die Triebkräfte und den tiefinneren Bau der Welt und des Lebens.

Er bekommt auch eine Vorliebe für das Seltsame, für die Einsamkeit, für das Geheimnis; er wird zum leidenschaftlichen Beobachter, erfüllt von unstillbarem Wissensdurst. Und dieser Wissensdurst entfaltet sich in einer Atmosphäre von Poesie und Schönheit, in der Fülle der sinnlichen Wahrnehmungen, er nährt und verstärkt die künstlerischen Intuitionen dieses großen Universalgenies.

Im Kontrast zu seiner Entwicklung in der Einsamkeit der Natur bleibt seine Bildung rudimentär und unvollständig. Sie reicht nicht heran an jene, welche die anderen Söhne seines Vaters erhalten, und hilft ihm später nur wenig bei seinen grandiosen Projekten. Ein bißchen Latein, aber nicht genug, um damit tiefer in die Werke der großen Denker des Altertums einzudringen. Ein bißchen Mathematik, aber nicht genug, um seine wissenschaftlichen Intuitionen zu stützen. Mit vierzig muß er seine klassische Bildung vervollständigen, wird aber nie ein Mann des Wortes wie die großen Humanisten seiner Zeit. Er hat einen Schrecken vor dem Verbalen und der Schönrednerei und orientiert sich aufs Zeichnen, für das er eine phänomenale Begabung hat, als das einzig objektive, unwiderlegbare Ausdrucksmittel.

1469 begleitet er seinen Vater, der sich in Florenz niederläßt, zum Palazzo des Podestà (Bürgermeisters). Er ist ein verschlossener, einzelgängerischer junger Mann. Unehelich geboren, bleibt er unverheiratet; sein marginales persönliches Schicksal führt ihn zugleich zur Kunst und zur Wissenschaft, ohne daß er in einer dieser beiden Welten völlig aufgeht.

Er besucht das berühmte Atelier Verrocchios, des vielseitigen Malers, Bildhauers und Humanisten. Zu dieser Zeit, auf dem Höhepunkt der Renaissance, sind die Florentiner Ateliers die berühmtesten und angesehensten ganz Italiens. Vier bis sechs Jahre Lehrzeit sind notwendig, bis man in die Santa-Lucia-Gilde aufgenommen wird und als selbständiger Meister Aufträge annehmen darf.

Der Name Leonardo da Vinci scheint im Zunftregister 1472 auf; Leonardo bleibt jedoch noch vier Jahre bei Verrocchio, wahrscheinlich fasziniert von der Persöhnlichkeit und der Ausstrahlung des Meisters. Er teilt das fleißige, lerneifrige Leben seiner Mitschüler, unter denen sich der große Botticelli befindet.

Die ganze Zeit aber sucht er, stets unbefriedigt, nach mehr und anderem. Immer mehr interessiert er sich für die vielfältigen, tastenden Wissenschaften seiner Zeit, zu denen er selbst viel beitragen soll: Mechanik, Uhrmacherei, Stadtplanung, Kriegskunst, Karthographie, Hydraulik, Botanik, Geologie und auch schon Anatomie.

1482 beschließt er, Florenz, das durch die Ermordung Giulio di Medicis unsicher geworden ist, zu verlassen und nach Mailand zu gehen, wo Lodovico Sforza ihn als Militäringenieur in seine Dienste nimmt. Das ist der Beginn einer endlosen Wanderung, die ihn von 1500 bis 1506 wieder nach Florenz, dann – 1506 bis 1513 – abermals nach Mailand und schließlich für die Jahre 1513 bis 1515 nach Rom führen soll. Danach geht er für immer nach Frankreich; am 2. Mai 1519 stirbt er in Amboise in den Armen des Königs Franz I., seines letzten und wahrscheinlich aufrichtigsten Protektors.

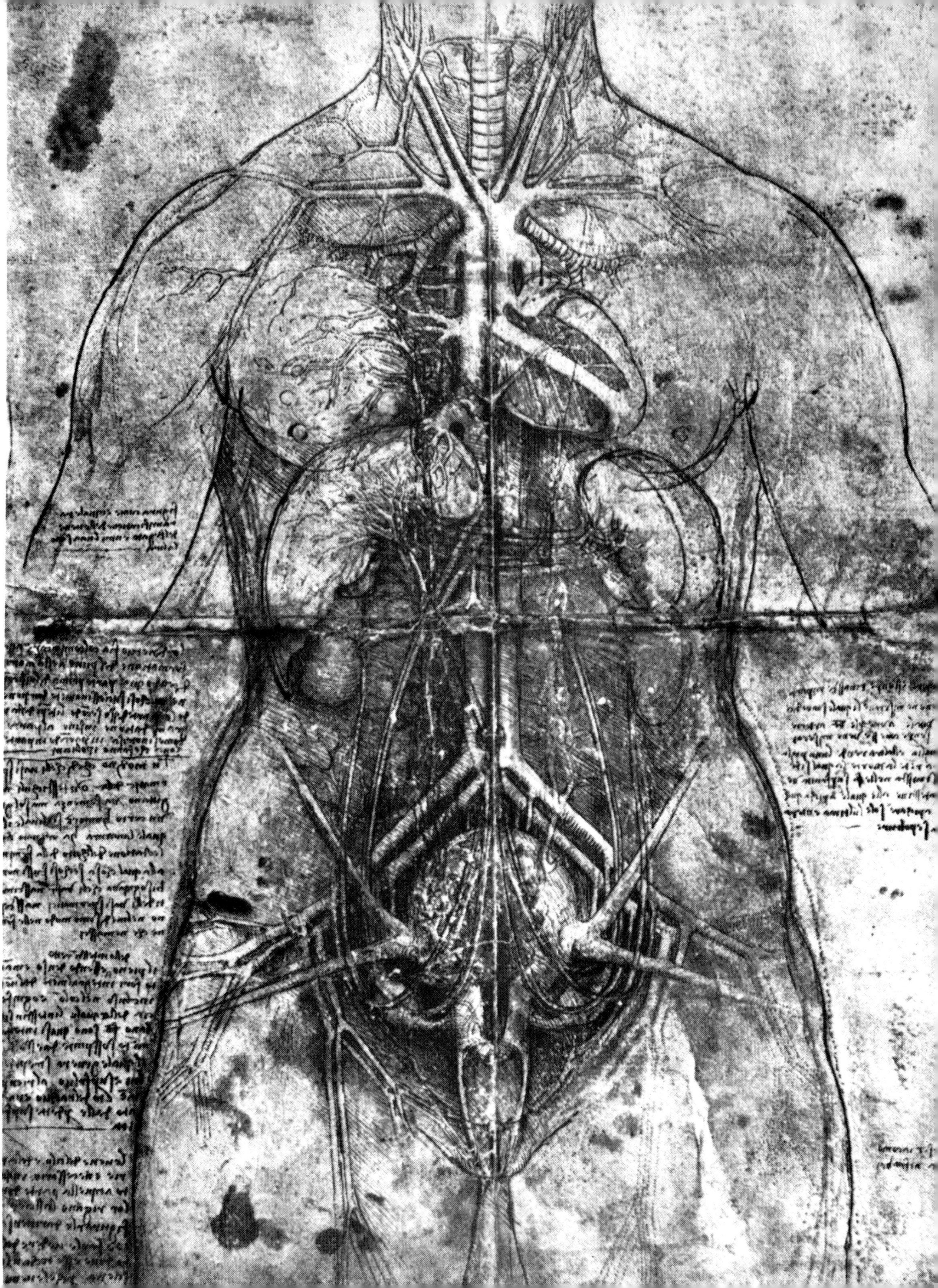

Während seines ganzen leidensvollen, unsicheren und unbefriedigenden Lebens sucht Leonardo nach einer mathematischen Welterklärung. Er ist weder der erste noch der einzige, der von dem Fiebern nach rationaler Erkenntnis und Erklärung des Universums erfaßt wird. Viele Renaissance-Künstler waren zugleich Gelehrte und Humanisten, Studenten der Geometrie, der Optik, der Botanik oder sogar der Anatomie. Aber keiner von ihnen hat diese Studien mit solch persönlicher Leidenschaft betrieben wie Leonardo.

Bis dahin studierten die Maler die Wissenschaften und die Natur nur, um die verschiedenen Lebensformen besser bildlich darstellen zu können. Die Erkenntnis wurde unmittelbar, völlig und ausschließlich in den Dienst der Kunst gestellt, ohne philosophische oder interpretative Nutzanwendung. Leonardo hingegen geht weiter: er strebt danach, die verborgenen Strukturen der Welt aufzudecken und zu erklären.

Er interessiert sich für alles, will alles begreifen, alles erkennen, alles neu schaffen; durch Beobachtung und dann durch Experimente gelangt er zu Einsichten, die ihn ermutigen, aus partiellen Fakten allgemeine, oft gewagte Schlüsse zu ziehen. Der fragmentarische, unsystematische, unvollständige, unzulängliche Charakter seiner Studien führt natürlich zu Irrtümern. Dennoch ist seine Leistung gigantisch. Ein buntes Durcheinander, ein anarchischer, aber genialer Versuch, alles zu verstehen, zu beweisen, zu reproduzieren.

Er entwirft diesen geistigen Fahrplan in einer Fülle wirrer, unzusammenhängender, loser Notizen. Sie sind stets kurz und knapp, nüchtern und ohne Konzessionen an Form und Wortwahl, hingeworfen auf zufällige Zettel von oft minderwertiger Papierqualität; er verwendet eine Geheimschrift, von rechts nach links laufend, mit verkehrten Buchstaben, die nur mit Hilfe eines Spiegels zu entziffern sind; diese Eigenheit ist vielleicht damit zu erklären, daß er Linkshänder war, oder möglicherweise auch mit seinem Wunsch nach Geheimhaltung. Er schreibt nicht lateinisch – diese Sprache beherrscht er nur mangelhaft –, sondern in der toskanischen Volkssprache, die der Kraft und Ursprünglichkeit seines Denkens besser entspricht.

So sammelt er jedes Körnchen seines Wissens auf tausenden losen Blättern, die er am Ende seines Lebens vor Verlust und Vergessenheit zu bewahren sucht, indem er sie nach Themen gruppiert. Und zu jedem Gedanken zeichnet er eine Skizze. Während er in seinen siebenundsechzig Lebensjahren nur wenig mehr als ein Dutzend Bilder – unsterbliche Meisterwerke – gemalt hat, fertigte er tausende Zeichnungen an.

Zeichnen ist für ihn die beste und wahrscheinlich auch die einzig adäquate Mitteilungsform. Die Zeichnungen sind einfach, treffend, präzise und geben den Gedanken so einleuchtend wieder, daß gar kein erläuternder Text oder höchstens nur eine – meist technische – Anmerkung nötig ist. Und während Leonardos Zeitgenossen durch wiederholte Korrekturen zum endgültigen Bild gelangen, schafft er eine regelrechte graphische Sprache der Skizze. Seine Skizzen, von denen jede

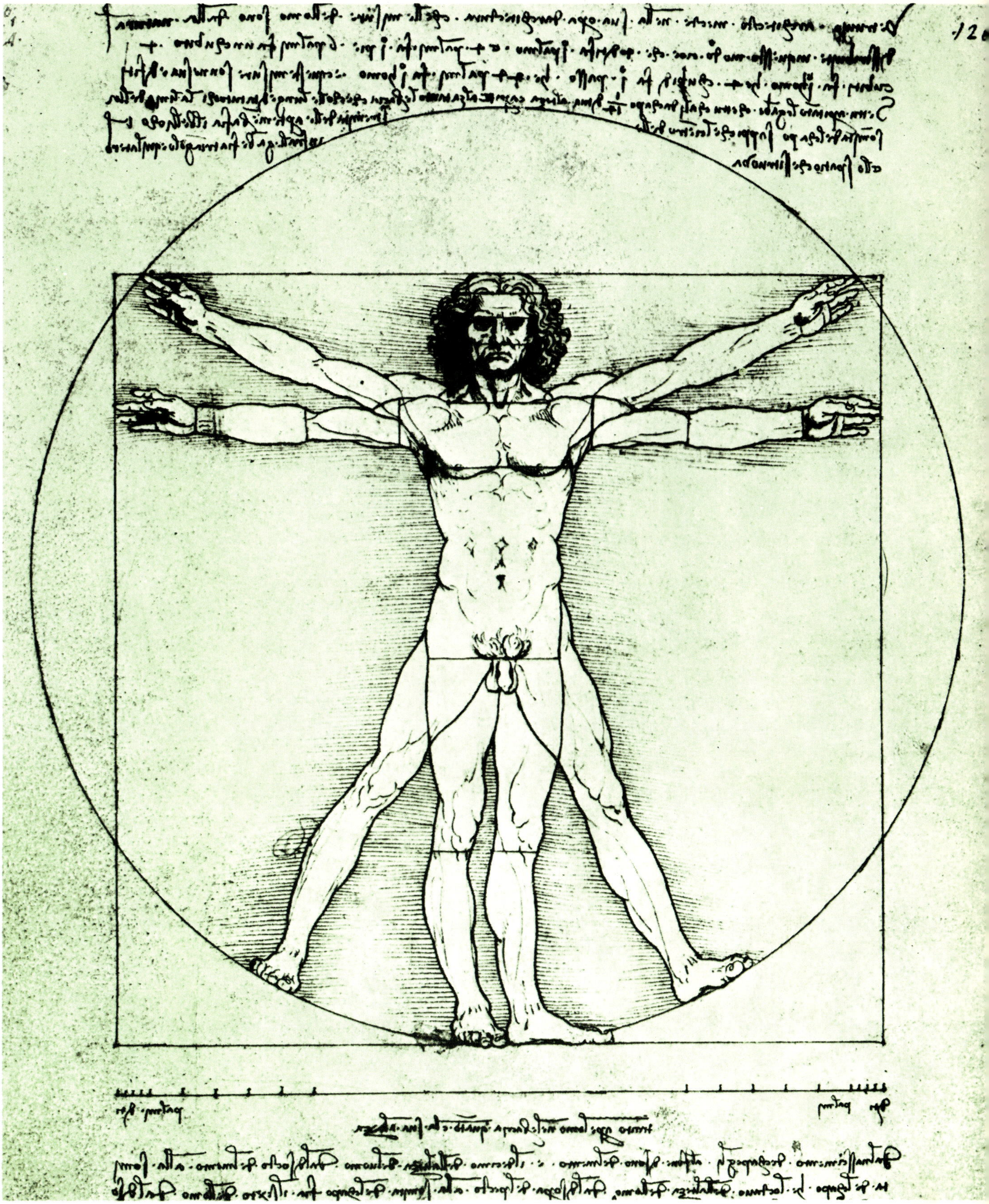

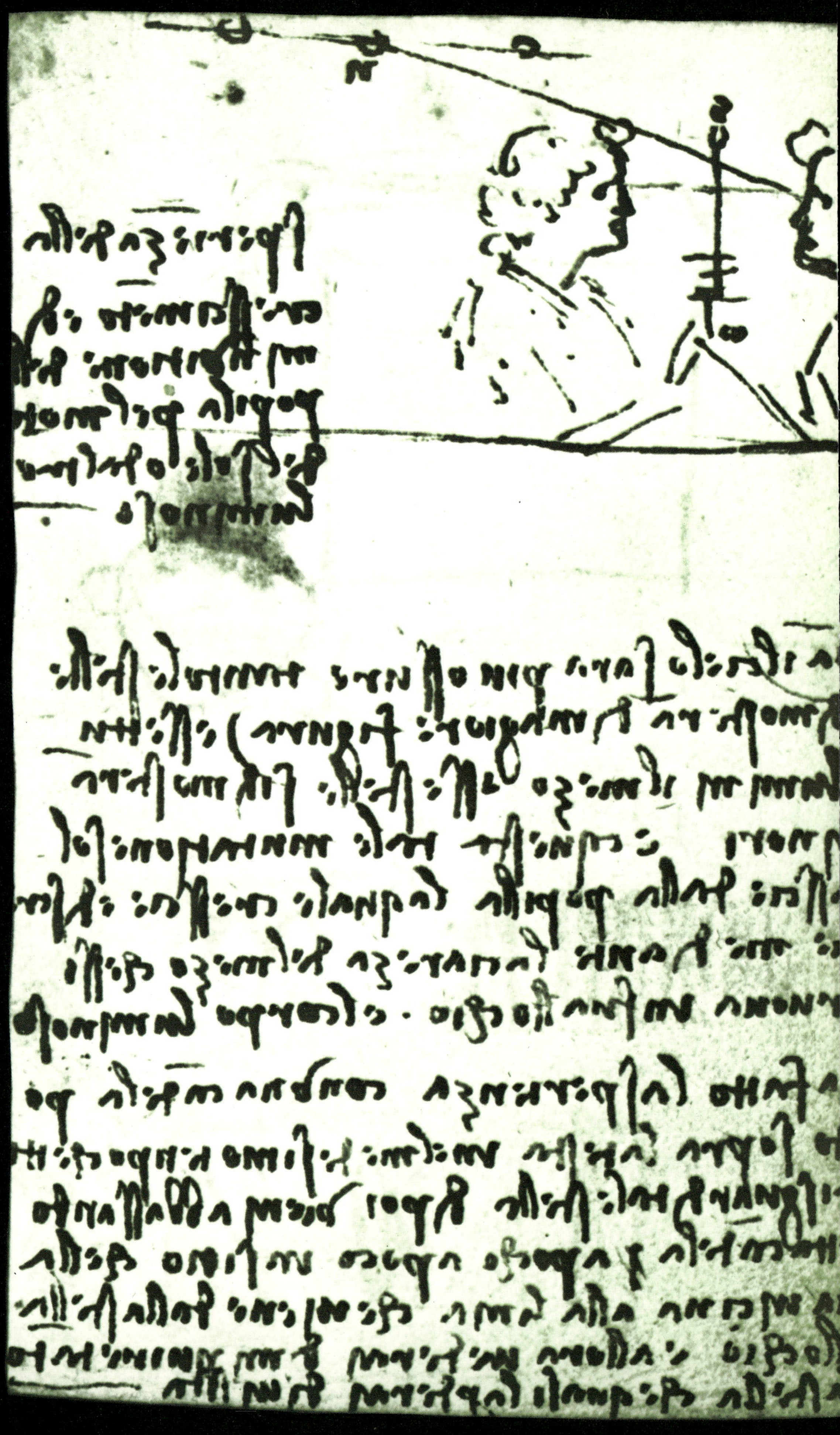

Zwei Seiten aus einem von Leonardos Notizbüchern.

Seguita del

• [illegible] • [illegible] attavia magior
grado d moto fatto dal sole minor
grado • d magior moto •

e magior grado d una gran moto • non
~~[illegible] grado longitudin[illegible]~~
[illegible] d [illegible] e grado [illegible]

e magior grado : d una magior moto [illegible]
una [illegible] d una cosa [illegible] il [illegible]
[illegible]
[illegible]
[illegible]
una sola cosa [illegible]

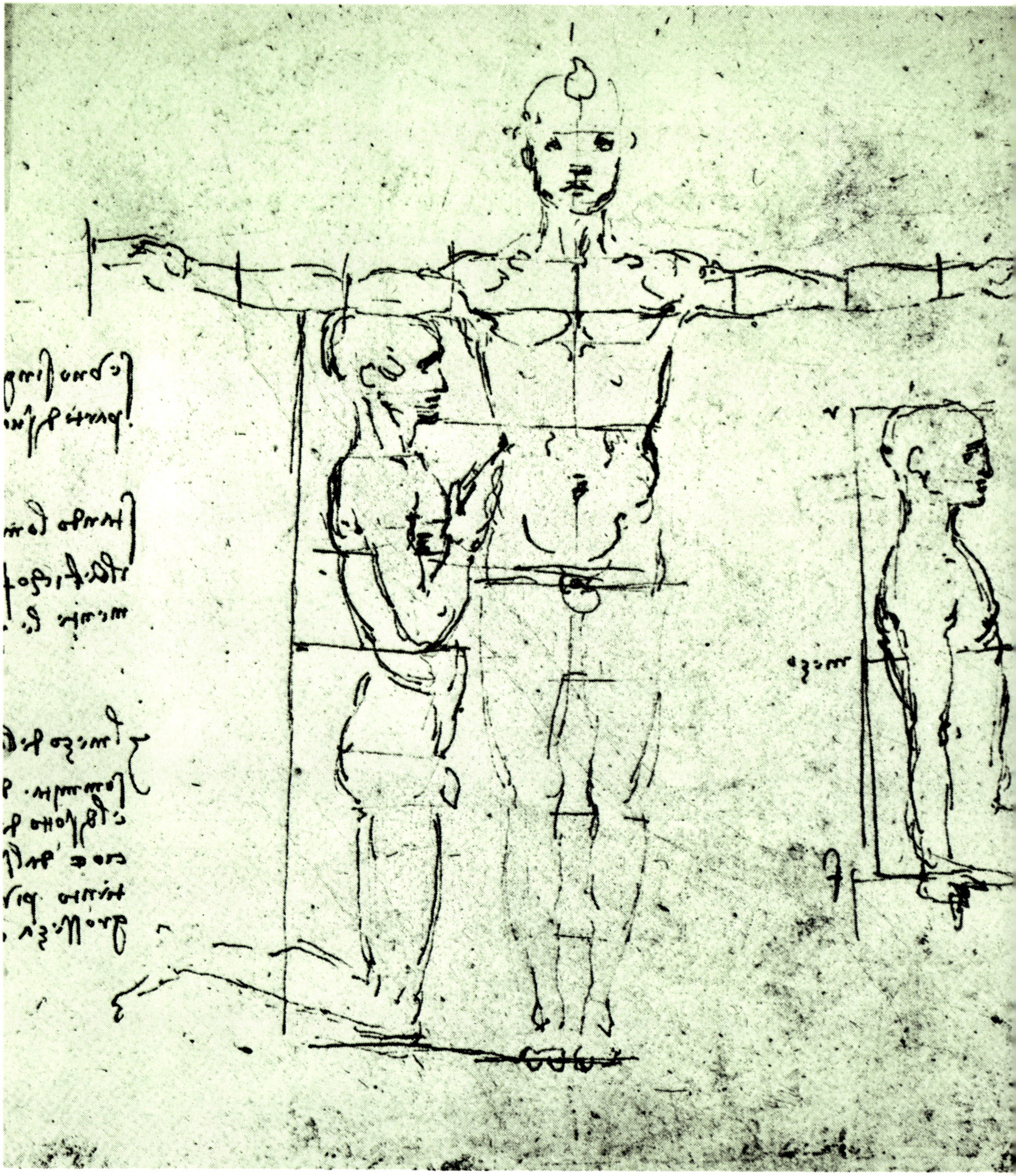

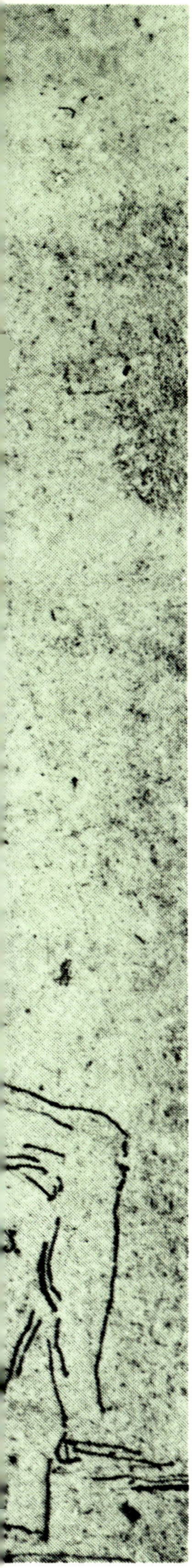

Zwischenphase erhalten ist, bilden eine Chronologie des Gedankens, zeigen die Entstehung und Entwicklung der Idee, sie sich vor unseren Augen Strich um Strich bis zur endgültigen Gestalt herausformt.

Er arbeitet mit der Feder, schwarz auf weiß, in einer absichtlich kargen Technik; die Farbe ist für ihn nur ein zusätzlicher Schmuck, nutzlos und sogar hinderlich, wenn es darum geht, mit der Zeichnung einen Gedanken auszudrücken.

Tatsächlich geht Leonardo von einer philosophischen Basis aus. In dieser Welt, in der er sich zu Hause fühlt, zieht es ihn ganz natürlich zu Archimedes und Plato. Wie dieser ist für ihn der Makrokosmos des Universums der Rahmen, in dem sich der Mikrokosmos des Menschen bewegt, und dieser ist ein verkleinertes Ebenbild des Weltalls: ,,Der Mensch hat Knochen, an denen das Fleisch sich festhält; die Welt hat Steine, welche die Erde tragen." In der Natur sieht er das gewaltige Pulsieren der Ozeane, vergleichbar dem Kreislauf des Blutes im Organismus, vom Herzen ausgehend.

Seine Naturliebe, Erbteil seiner Kindheit in den toskanischen Hügeln, treibt ihn dazu, sich mit Landschaften zu befassen, die bis dahin nur als belangloser Bildhintergrund gedient haben. In seinen Landschaften stellt er oft seltsam geformte Berge neben geheimnisvolle Gewässer, was an die traditionelle fernöstliche Faktur erinnert und vielleicht auf eine dem Buddhismus verwandte Mystik hindeutet; aber Leonardo hat den Buddhismus nicht gekannt.

Die Landschaften befriedigen jedoch seine naturforscherliche Leidenschaft nicht. Unermüdlich analysiert, beobachtet, zeichnet er. So entstehen seine außerordentlichen botanischen Blätter, von größter Exaktheit und dabei wunderbar lebendig, gleichsam atmend und duftend dank seinem künstlerischen Genie, das sich fast ohne sein Wissen und Wollen seiner rein wissenschaftlichen Motivation hinzugesellt.

Das Studium der Anatomie folgt logisch aus dem Bestreben, den menschlichen Mikrokosmos zu erklären.

Die Zeichnungen zu Leonardos Forschungen und Deduktionen auf diesem Gebiet, mit schriftlichen Kommentaren, wurden von ihm am Ende seines Lebens in drei Manuskripten mit insgesamt fast dreihundert Blättern gesammelt. Die meisten davon, 215, befinden sich jetzt in der Königlichen Sammlung in Windsor; vorher waren sie in Spanien, nachdem Fracesco Melzi, Leonardos ,,geistiger Erbe", sie nach Madrid gebracht hatte. Die anderen Blätter sind verstreut auf die Bibliotheken von Turin und Mailand, die Akademie von Venedig, das British Museum und das Institut de France.

Das ganze Werk entstand zwischen 1489 und 1513; danach wurde der Künstler von einer Nervenkrankheit befallen, die in seinen letzten Lebensjahren allmählich zur Lähmung seiner linken Hand führte.

Wohlgemerkt: Leonardo hat weder die anatomische Forschung noch die anatomische Zeichnung erfunden. Nach den Anfängen im griechischen und römischen Altertum gab es im Mittelalter zahlreiche Versuche, übrigens in zwei ganz verschiedenen Richtungen: einerseits die der Ärzte, die nach und nach die Rudimente der Anatomie entdeckten und in den medizinischen Schulen lehrten, andererseits die der Künstler, denen es nur um das Studium der Körperproportionen in Sinn des traditionellen klassischen Schönheitsideals ging.

Vor Leonardo aber blieben diese Arbeiten auf ein stereotypes, oberflächliches Studium der wenigen zur Verfügung stehenden Leichen beschränkt; in konventionellen Zeichnungen von ,,Gehäuteten" wurden die Kenntnisse jener Zeit zusammengefaßt, die nicht über eine subkutane Oberflächen-Anatomie hinausgingen und nur die Muskelstruktur zeigten.

Leonardo ging viel weiter. Er begnügte sich nicht mit dem Studium der Oberfläche und nahm die Anatomie der inneren Organe in Angriff, erforschte die Eingeweide und ihre Struktur. Dann erwartete er, indem er den menschlichen Körper mit einer Maschine verglich, von der Anatomie außer morphologischen Feststellungen eine Erklärung der Körperfunktionen, womit er sich der Physiologie näherte. Schließlich wollte er Formen und Funktionen den tiefen ,,Trieben" des menschlichen Wesens unterordnen und sah in den Haltungen und Stellungen des Körpers den Ausdruck von Gefühlen, Emotionen und Seelenregungen.

Wenn er sich nur aus künstlerischen Gründen für die Anatomie interessiert hätte, dann hätte er sich nicht in solchem Maß mit der Analyse der inneren Organe und ihrer Physiologie zu befassen brauchen, um so weniger, als er vom ästhetischen Standpunkt ,,einfache Linien und die Rundheit der Glieder" vorzog und für harmonischer hielt als stark hervortretende Muskeln.

Welche Mittel hatte er für seine Forschungen? Gewiß zog er schon existierende Arbeiten zu Rate, fand fort aber keine Antworten auf seine Fragen. Er mußte also alles selbst in die Hand nehmen und im Lichte seiner Beobachtungen und Auffassungen neu überdenken.

Er stand in Verbindung mit berühmten ,,Anatomen" seiner Zeit, insbesondere an den Universitäten Padua und Mantua, und nahm wahrscheinlich an offiziellen medizinischen Sezierungen teil. Vor allem aber führte er selbst Sezierungen durch. Man weiß nicht genau, was für Leichen er dafür verwendete. Vermutlich hatte er in Mailand Leichen von Hingerichteten zur Verfügung.

Sicher ist nur, daß er 1505 – im Jahr der ,,Mona Lisa" – im Hospital Santa Maria Nuova zu Florenz zwei Sezierungen vornahm: an einem zweijährigen Kind und an einem alten Mann, bei dem er eine krankhafte Veränderung der Arterien feststellte; seine Beschreibung davon ist der erste medizinische Bericht über einen Tod durch Arteriosklerose. Man wird nie erfahren, ob er im Santa Croce zu Florenz oder im Santo Spirito zu Rom weitere Sezierungen durchgeführt hat und ob es totale oder nur partielle waren.

Hingegen ist erwiesen, daß Leonardo, wie es damals üblich war, reichlich an Tieren

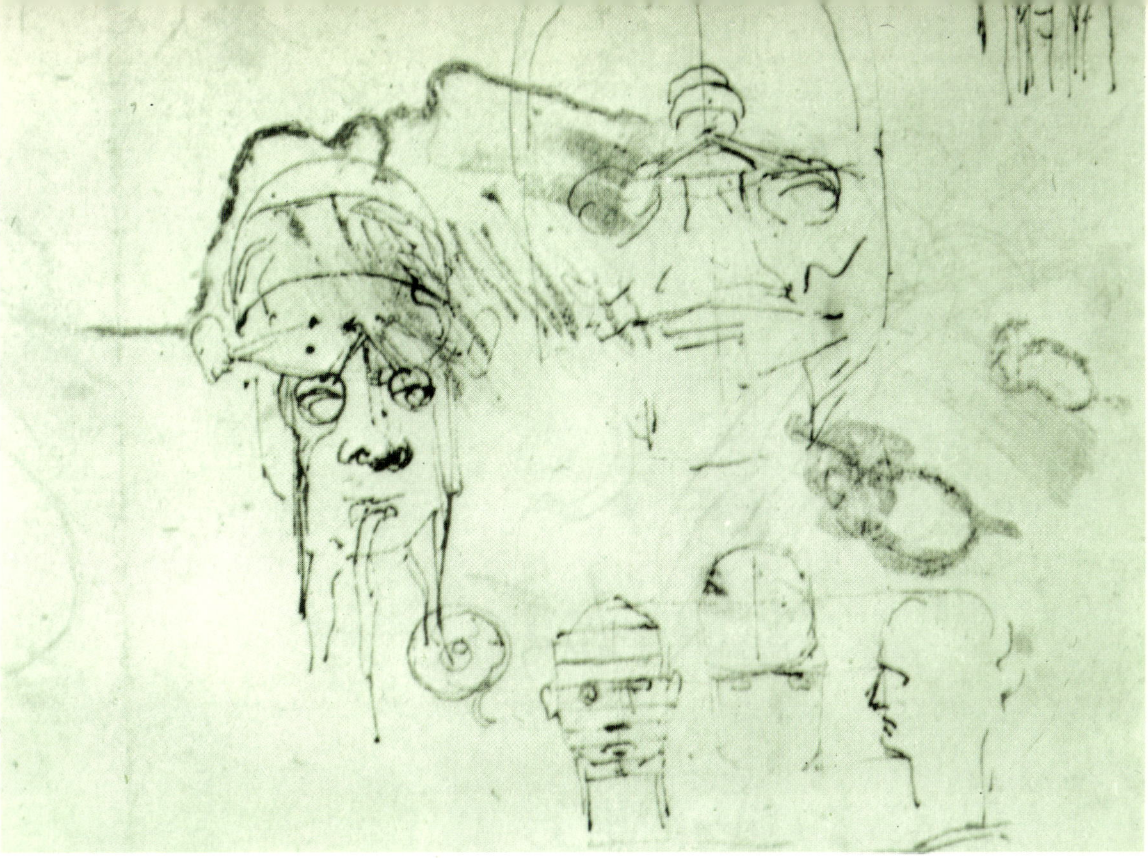

arbeitete und die dabei gefundenen Resultate auf den Menschen übertrug — das ist die Hauptquelle der Fehler in seinen Aufzeichnungen. Er mußte sich mit Tieren begnügen, weil es überaus schwierig war, menschliche Leichen zu bekommen. Diese Schwierigkeiten erklären sich aus dem Glauben an die Auferstehung des Fleisches, und der Papst tat ein übriges, indem er anordnete, daß Leonardo zu Sezierungen und Obduktionen nicht zugelassen werden dürfe.

Was seine Technik betrifft, so hält man es für möglich, daß er die Methode, die Organe durch Wachsinjektionen zu fixieren, entdeckt und angewandt hat. Jedenfalls arbeitete er von der Oberfläche nach innen, legte jeweils eine anatomische Region frei und machte - eine wichtige Neuerung — Schnitte in verschiedenen Richtungen, so daß er die Verbindungen der einzelnen Organe feststellen konnte.

Außerdem begnügte er sich nicht mit der exakten Beschreibung der Innenorgane, der Muskeln und der Knochen sondern demonstrierte die fundamentale Rolle der Blutgefäße und der Nerven, die bis dahin völlig vernachlässigt worden waren, aber zum Verständnis der menschlichen Physiologie unerläßlich sind.

Er glaubte sogar, einen engen Zusammenhang zwischen der Morphologie und der Psyche zu erkennen und entwickelte eine Art Physiognomie der Haltungen.

Und schließlich versuchte er, indem er die Körperfunktionen als Mechanismen betrachtete, die Lehren der menschlichen Anatomie und Physiologie auf die Mechanik zu übertragen und neue Maschinen zu erfinden: beispielsweise die Mundstückflöte, nach dem Vorbild des Kehlkopfes und die Klarinetten-Tastature, nach den Handsehnen.

Seine Zeichnungen sind in zweifacher Hinsicht neuartig : erstens in der Technik, durch die Verwendung schraffierter Schatten, die ein plastisches Bild ergeben; durch Skizzen aus verschiedenen Blickwinkeln, die ein Organ von allen Seiten zeigen; und durch die Vervollkommung der Perspektive, die meisterhaft in den Dienst der Bildtiefe gestellt wird. Und zweitens in der Faktur, durch eine Darstellung von phantastischer Exaktheit, Klarheit und Richtigkeit, die obendrein noch lebending und elegant wirkt.

Leonardos anatomische Zeichnungen wurden von den offiziellen Anatomen der Vergangenheit scheel angesehen – die Herren erkannten nicht den ungeheuren pädagogischen Wert dieser Zeichnungen und fürchteten, die Aufmerksamkeit der Studenten könnte dadurch von dem als vorrangig geltenden Text abgelenkt werden –, aber sie waren offenkundig die Vorbilder für anatomische Darstellungen von Vesalius bis zu unseren Tagen.

So unumstritten die Zeichnungen als Graphiken auch sind, läßt sich jedoch von den Schlußfolgerungen daraus nicht immer das gleiche sagen.

Bevor wir den Versuch einer Synthese unternehmen, müssen wir auf die Methode des Künstlers eingehen, die aus drei Etappen bestand:

1. Beobachtung, Sezierung, dann möglichst genaue Skizze aus verschiedenen Blickwinkeln und – große Neuerung – Längs – und Querschnitte. Die Technik des Bronzegießens genial ausnützend, fertigte Leonardo Wachsabgüsse von hohlen Organen an, um deren Untersuchung zu erleichtern. Leider konnte er sie vorher nicht fixieren, was die Deformationen erklärt.
2. Interpretation der Beobachtungen in zwei Richtungen: in funktioneller Hinsicht, durch Analogie mit der Mechanik, die Leonardo so teuer war; und im psychologischen Sinn, durch einen Versuch, mit den anatomischen Gegebenheiten bestimmte Gefühle, Empfindungen und Gedanken zu verbinden. Man hat immer schon versucht, für die Imponderabilien des Lebens und der Seele eine materielle Grundlage zu finden.
3. Verifizierung der Interpretation, sofern möglich, durch Experimente mit Hilfe von Modellen und Rekonstruktionen „in vitro", zum Beispiel für die Atmung, das Sehen, das Hören und den Blutkreislauf. All das mit Irrtümern und Mängeln, die unvermeidlich waren – aber es ist erstaunlich, daß es so wenige sind.

Man darf nicht vergessen, wie groß die Hindernisse waren. Da war einmal die schon erwähnte Schwierigkeit der Beschaffung menschlicher Leichen, die den Künstler zu gewagten Schlußfolgerungen aus tierischen Objekten zwang, denn meist sezierte er Tiere (Hund, Pferd, Rind, Schwein). Außerdem nötigte das Fehlen einer Fachterminologie ihn, Muskeln, Nerven und Organe mit Ziffern oder Buchstaben zu bezeichnen. Vor allem aber bildeten die vorgefaßten Meinungen jener Zeit einen Komplex falscher Vorstellungen, der sich nicht leicht in Bausch und Bogen verwerfen ließ.

Dennoch steht fest, daß Leonardo nicht wenige bis dahin unbekannte Aspekte der menschlichen Anatomie „erfunden" hat, die erst Jahrhunderte später wissenschaftlich bestätigt wurden. Aber trotz seiner Kühnheit war er nicht imstande, alle Vorurteile über Bord zu werfen und sich von den alten Schablonen der „Körpersäfte" – Medizin und den fortwirkenden Dogmen des Mittelalters zu befreien: auch er glaubte noch an den „Lebensgeist" und die „Seele" und war unermüdlich bemüht, ihre anatomischen Entsprechungen zu finden.

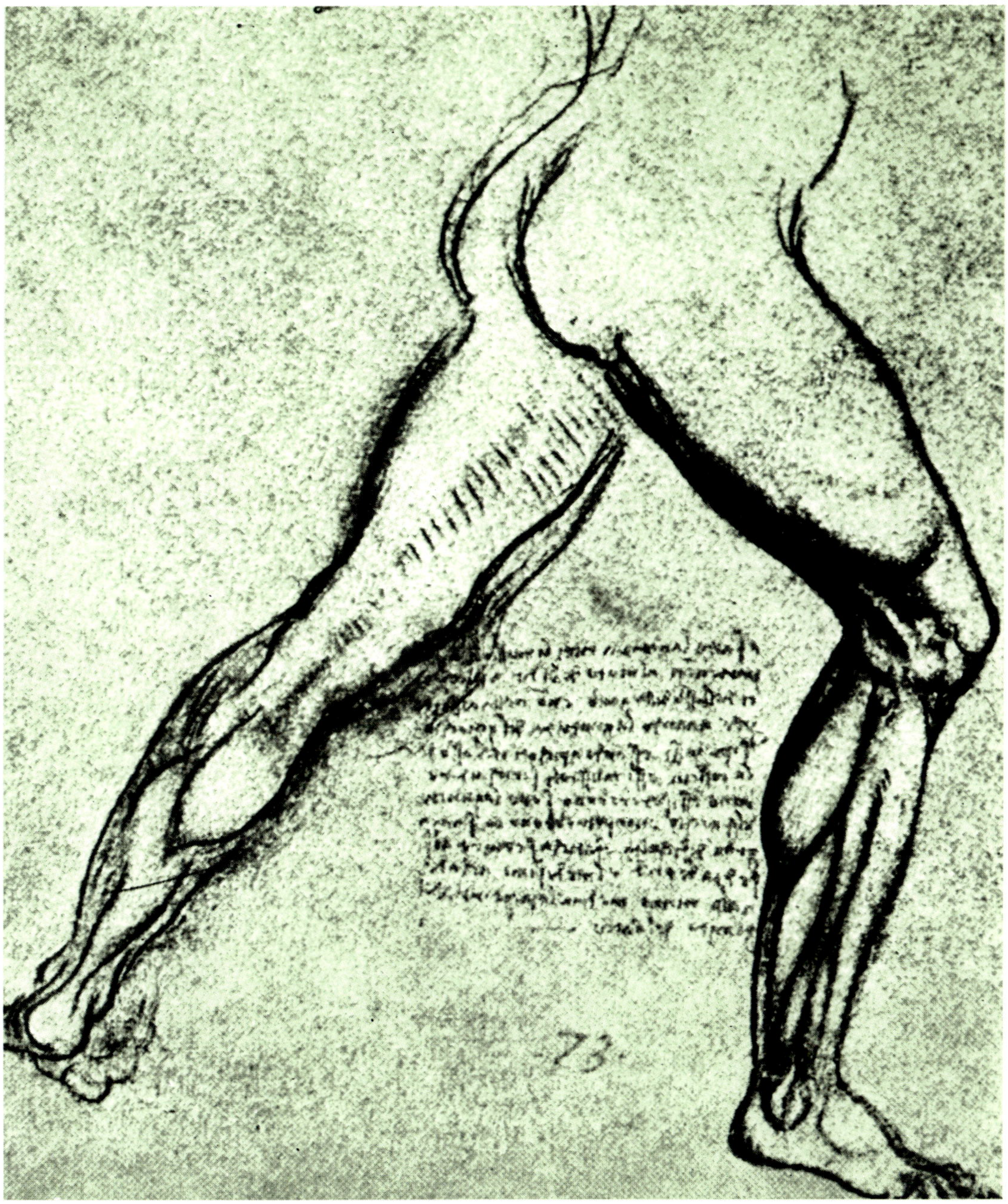
73

Auszüge aus Leonardo da Vincis Aufzeichnungen

Ich möchte Wunder wirken – vielleicht besitze ich weniger als andere Menschen, die ein friedlicheres Leben führen, als solche, die an einem Tag reich werden wollen. Mag sein, daß ich lange Zeit in großer Armut leben werde; so ergeht es seit jeher und in alle Ewigkeit den Alchimisten, die Gold und Silber machen wollen, den Ingenieuren, die totes Wasser zum Leben und zu unaufhörlicher Bewegung bringen möchten, und den größten Narren von allen den Nekromanten und Geisterbeschwörern.

Und ihr, die ihr sagt, es wäre besser, einen Anatom bei der Arbeit zu beobachten, als diese Zeichnungen anzusehen, ihr hättet recht, wenn es möglich wäre, alle auf diesen Zeichnungen dargestellten Dinge an einer einzelnen Figur zu betrachten: dort würdet ihr mit all eurer Klugheit nicht mehr sehen oder erkennen als einige wenige Adern; ich aber habe, um wahre und vollständige Kenntnis davon zu erhalten, mehr als zehn Leichen seziert, alle anderen Körperteile zerstört und auch das winzigste Stückchen des Fleisches, von dem die Adern umgeben waren, enfernt, ohne daß Blut aus ihnen floß, abgesehen vom minimalen Bluten der Kapillarvenen; und da ein einzelner Leichnam sich nicht so lange gehalten hätte, mußte ich stufenweise mit mehreren Leichen arbeiten, bis ich zu einem Ergebnis kam und vollständiges Wissen erlangte; ich wiederholte dies zweimal, um die Unterschiede festzustellen.

Und wenn ihr euch dafür interessiert, dann könnte es sein, daß der Ekel euch hindert, und wenn dieser euch nicht abhält, könntet ihr davor zurückschrecken, euch nachts bei Leichen aufzuhalten, bei zergliederten, abgehäuteten, grausigen Leichen. Und wenn auch das euch nicht stört, könnt ihr vielleicht nicht so gut zeichnen wie es für eine solche Darstellung notwendig ist; oder wenn ihr die Kunst des Zeichnens beherrscht, so versteht ihr möglicherweise nichts von der Perspektive; und wenn ihr auch diese versteht, so fehlt es euch vielleicht an den Methoden der geometrischen Konstruktion und den Methoden zur Berechnung der Kraft und Stärke der Muskeln, oder es mangelt euch an Geduld und Ausdauer. Ob ich all dies selber entdeckt habe oder nicht, darüber werden die hundertundzwanzig Bücher, die ich verfaßt habe, Aufschluß geben. Wenn etwas mich dabei behindert hat, dann war es nicht Geiz oder Nachlässigkeit, sondern einfach Zeitmangel.

Dieses Werk beginnt mit der Empfängnis und beschreibt die Natur der Gebärmutter und wie der Foetus darin lebt, bis zu welchem Stadium er dort bleibt und auf welche Weise er zu leben und sich zu ernähren beginnt. Also sein Wachsen und welche Intervalle zwischen den einzelnen Wachstumsstadien liegen. Was ihn aus dem Mutterleib hinauszwingt und aus welchem Grund er in manchen Fällen vorzeitig den Mutterleib verläßt.

Dann werde ich beschreiben, welche Glieder des Kindes nach der Geburt schneller wachsen als andere, und die Proportionen eines einjährigen Kindes bestimmen.

Sodann beschreibe ich den erwachsenen Menschen, Mann und Frau, und die Beschaffenheit von Hautfarbe und Physiognomie.

Als nächstes die Zusammensetzung des Menschen aus Adern, Sehnen, Muskeln und Knochen. Das beschreibe ich am Schluß des Buches. Auf vier Zeichnungen demonstriere ich dann die vier grundlegenden Gemütsverfassungen des Menschen. Heiterkeit, mit verschiedenen Formen des Lachens, und Beschreibung der Ursache des Lachens. Weinen in verschiedenen Aspekten und die Ursachen. Kampf, mit verschiedenen Arten des Tötens; Flucht, Angst, Wut, Kühnheit, Mord und alles, was dazugehört. Dann Darstellung der Arbeit, mit Ziehen, Schieben, Tragen, Aufhalten, Stützen und dergleichen mehr.

Ferner möchte ich Stellungen und Bewegungen beschreiben. Dann die Perspektive, Funktionen und Wirkungsweise des Auges; und das Gehör — hier werde ich von der Musik sprechen — und die anderen Sinne. Und danach Beschreibung des Wesens der Sinne.

Diesen Mechanismus des Menschen werden wir in ... Abbildungen demonstrieren; die ersten drei werden das Knochengerüst zeigen, und zwar die erste davon Höhe, Lage und Form der Knochen, die zweite wird im Profil sein und die Tiefe des Ganzen und der Teile und deren Position demonstrieren; die dritte Abbildung wird eine Darstellung der hinteren Knochen sein. Dann will ich drei weitere Zeichnungen vom gleichen Gesichtspunkt aus machen und die Knochen im Querschnitt zeigen, so daß man ihre Dicke und Hohlheit sieht. Drei weitere Darstellungen von den Knochen im ganzen und von den Nerven, die vom Nacken ausgehen und sich zu den Gliedmaßen verzweigen. Und dann drei Abbildungen mit den Muskeln und drei mit der Haut, in den richtigen Proportionen; und drei von der Frau, um die Gebärmutter und die zu den Brüsten führenden Menstrualadern zu illustrieren.

Diese meine Abbildung des menschlichen Körpers wird für dich so verständlich sein, als hättest du einen wirklichen Menschen vor dir, und zwar aus folgendem Grund: Wenn du die Körperteile des Menschen gründlich, anatomisch kennenlernen willst, mußt du — oder dein Auge — sie aus verschiedenen Blickwinkeln betrachten, von unten und von oben und von den Seiten, mußt jedes Glied umdrehen und seinen Ursprung suchen; auf diese Weise wird die natürliche Anatomie so klar, daß du sie verstehst. Doch diese Erkenntnis wird dich auf die Dauer nicht befriedigen angesichts der übergroßen Verwirrung, die sich ergibt aus der Verbindung der Gewebe mit Venen, Arterien, Nerven, Sehnen, Muskeln, Knochen und dem Blut, das allen Teilen die gleiche Farbe verleiht. Und die Venen, durch die das Blut fließt, sind wegen ihrer Kleinheit nicht zu erkennen. Außerdem wird das Gewebe bei der Untersuchung der Teile, die es umgibt, unweigerlich verletzt, und da seine Transparenz vom Blut getrübt ist, kannst du die vom Gewebe bedeckten Teile in ihrer blutgefärbten Ähnlichkeit nicht unterscheiden; und du kannst von einem nicht alles erfahren, ohne das andere zu verletzen und zu zerstören. Daher sind weitere anatomische Zeichnungen notwendig. Du brauchst ihrer drei, um volle Kenntnis der Venen und der Arterien zu ermitteln, nachdem du alles andere mit größter Sorgfalt entfernt hast. Und drei weitere, um die Gewebe zu zeigen; und drei für die Sehnen und Muskeln und Bänder; und drei für Knochen und Gelenke; und drei für die Anatomie der Knochen, die durchgesägt werden müssen, damit man sieht, welche hohl sind und welche nicht dick sind und welche dünn. Manche sind an gewissen Stellen ganz dünn und an anderen Stellen dick, und einige sind teilweise hohl oder massiv oder mit Mark gefüllt oder schwammig. Alle diese Eigenschaften finden sich manchmal bei ein-und demselben Knochen, bei anderen dagegen keine von ihnen. Und drei Zeichnungen brauchst du für die Frau, bei der es im Zusammenhang mit der Gebärmutter und dem Foetus viel Geheimnisvolles gibt. Darum kannst du auf meinen Zeichnungen jeden Körperteil erkennen, aus drei verschiedenen Blickwinkeln mit allen Darstellungsmitteln demonstriert; denn nachdem du ein Glied von vorn betrachtet hast, mit den Muskeln, Sehnen und Venen, die von der entgegengesetzten Seite ausgehen, zeige ich dir dasselbe Glied von der Seite oder von hinten, ganz so, als würdest du das Glied in der Hand halten und nach allen Seiten wenden, bis du alles begriffen hast, was du wissen willst. Desgleichen findest du drei oder vier Darstellungen von jedem Glied aus verschiedenen Blickwinkeln, so daß du ein vollständiges Bild vom menschlichen Körper erhältst.

Somit hast du vor dir auf zwölf Bildern die Kosmographie dieser kleineren Welt nach demselben Schema, das vor mir Ptolemäus in seiner Kosmographie verwendet hat; und so werde ich sie dann in Glieder teilen, wie er die ganze Welt in Provinzen eingeteilt hat ; und ich spreche von sämtlichen Funktionen der einzelnen Teile und gebe dir eine Beschreibung der ganzen Gestalt und Substanz des Menschen hinsichtlich seiner Fortbewegung von Ort zu Ort mit Hilfe seiner verschiedenen Gliedmaßen. Und damit werde ich, wenn es unserem großen Schöpfer gefällt, vielleicht auch das Wesen und die Sitten des Menschen demonstrieren.

Und bedenke, daß die Anatomie der Nerven nichts über deren Verzweigungen aussagt und auch nicht zeigt, auf welche Muskeln sie sich verteilen, wenn man Leichen in fließendem Wasser oder in Kalklösung seziert ; doch ihr Ursprung und Ausgangspunkt ist ohne solches Wasser ebensogut zu sehen wie mit ihm. Unter fließendem Wasser aber vereinigen sich die Nervenfasern – wie Flachs oder Hanf beim Krempeln vor dem Spinnen – zu einem Strang, so daß man nicht verfolgen kann, wie die Nerven sich auf die Muskeln verteilen.

Die anderen Zitate von Leonardo sind kursiv gedruckt.

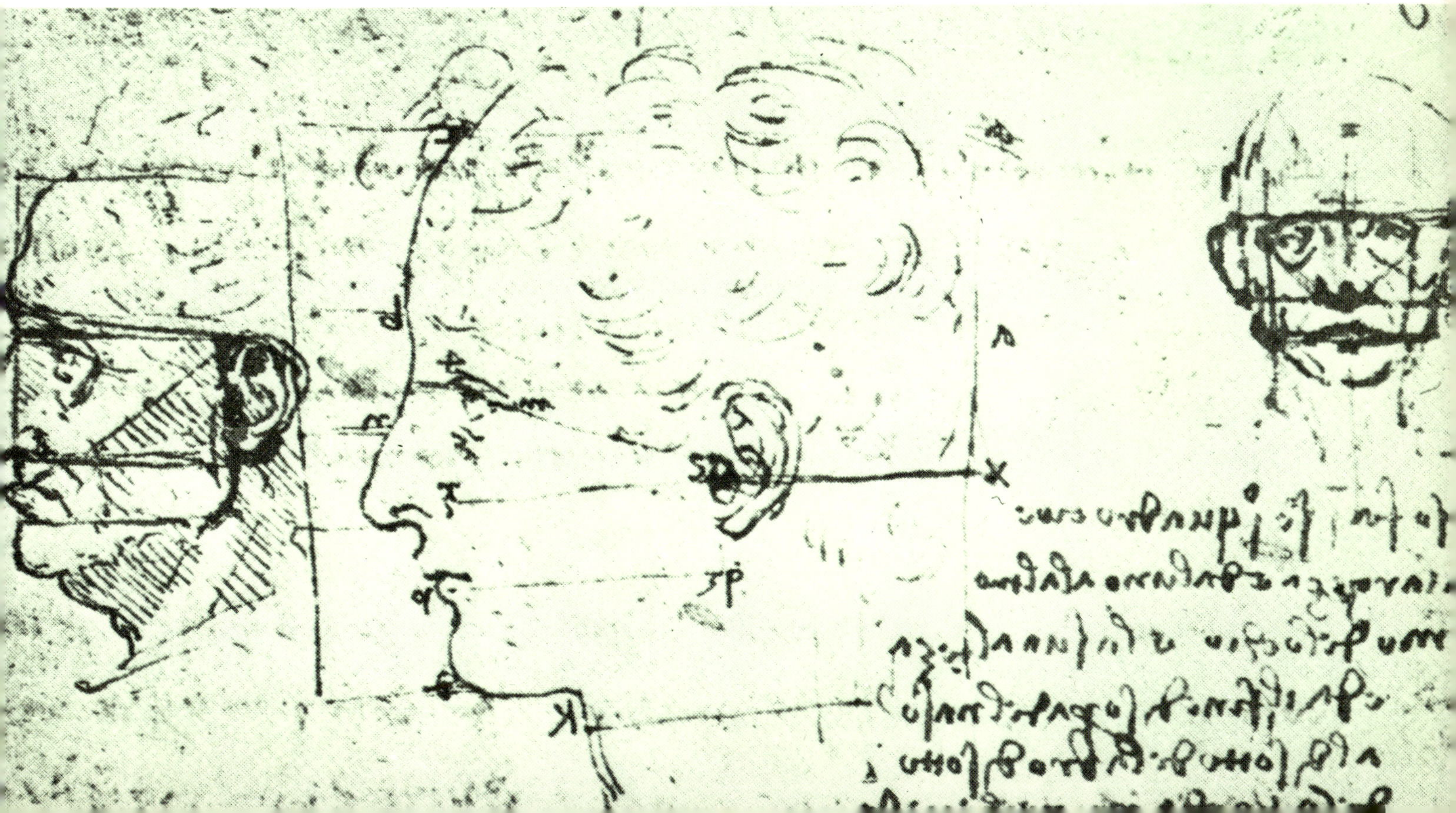

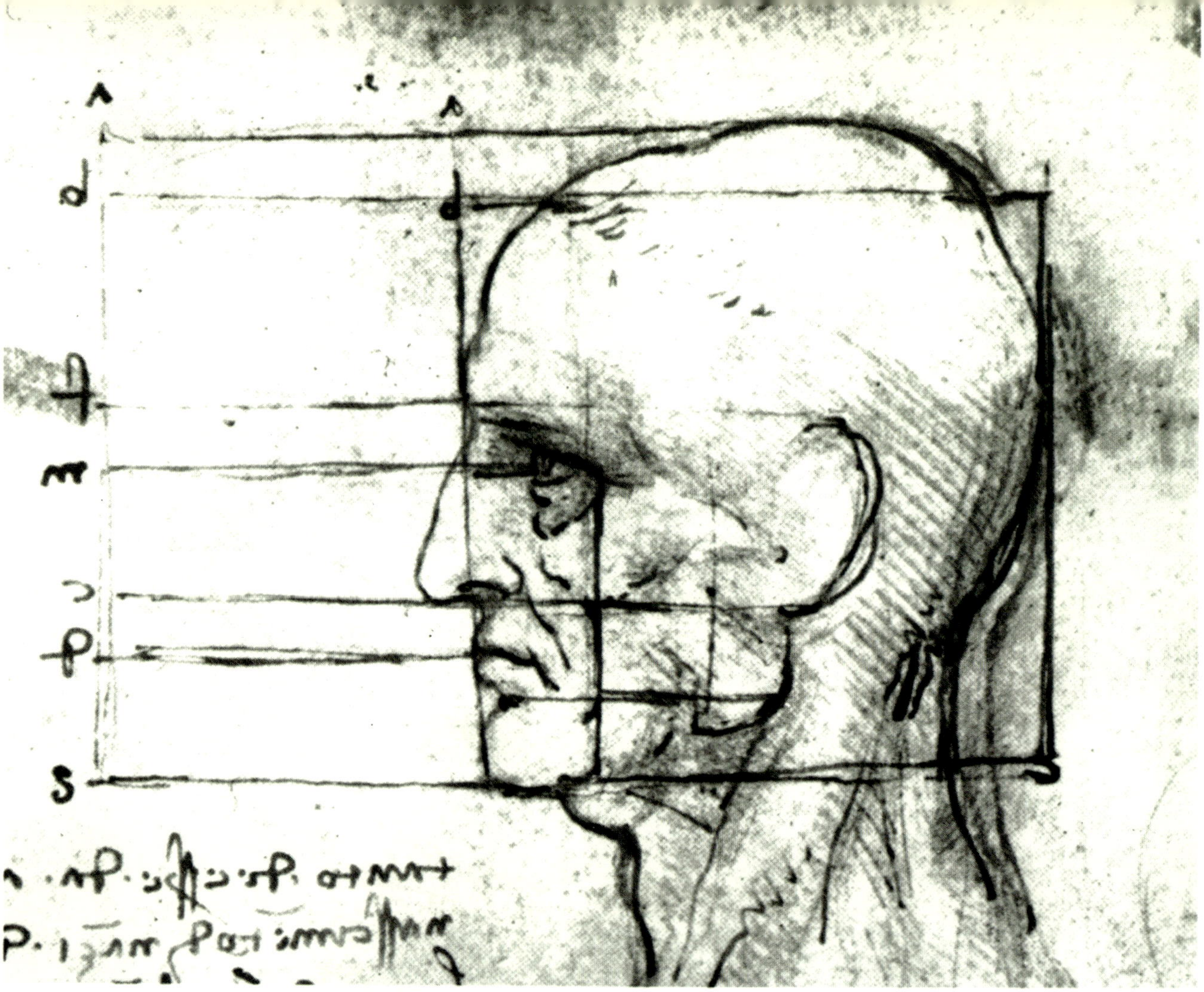

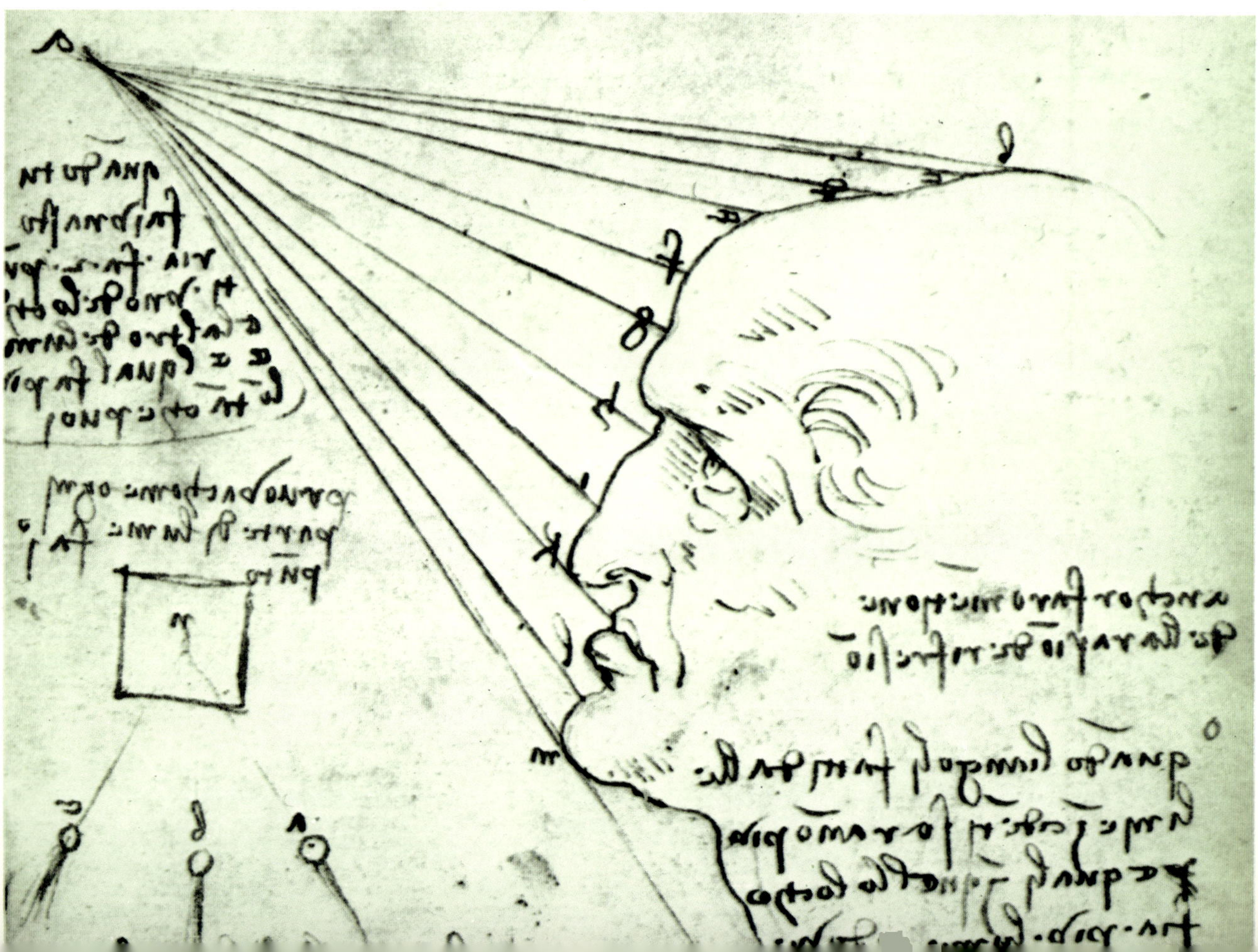

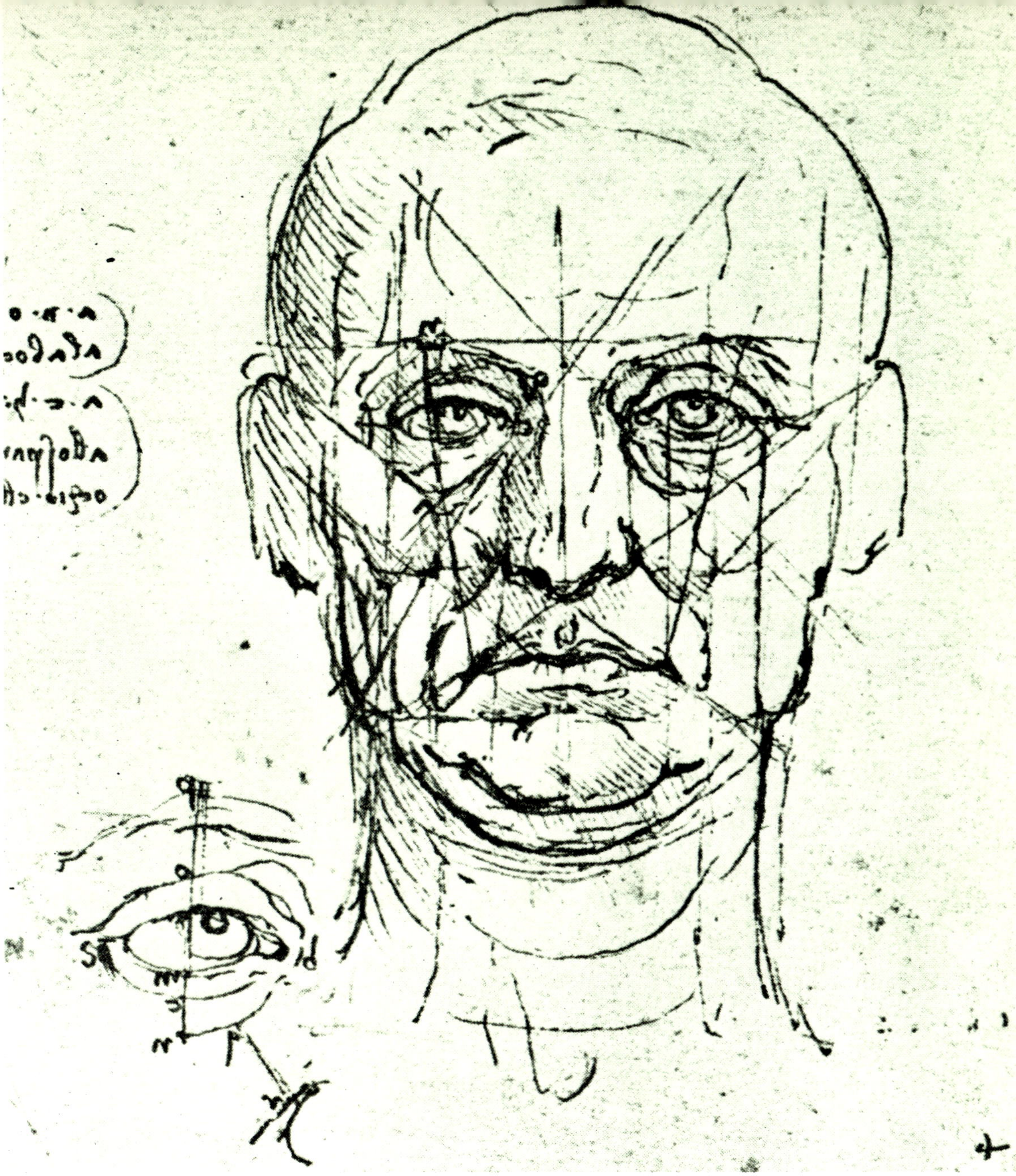

Welcher Nerv verursacht die Bewegung des Auges auf solche Weise, daß das andere Auge sich mitbewegt ?

Stirnrunzeln, Augenbrauen heben und senken – die Augen schließen, die Augen öffnen – die Nüstern blähen, die Lippen öffnen, die Zähne fletschen, die Lippen spitzen, Lächeln, Verwunderung. Beschreibe die Zeugung eines Menschen im Schoß eines Weibes und warum ein Achtmonatskind nicht lebensfähig ist. Was Niesen ist. Fallsucht, Krämpfe, Lähmung, Schüttelfrost, Schwitzen, Müdigkeit, Hunger, Schläfrigkeit, Durst, Verlangen.

Der Nerv, der die Bewegung von der Schulter zum Ellbogen, vom Ellbogen zur Hand, vom Handgelenk zur Fingerwurzel, von der Fingerwurzel zum Mittelgelenk, vom Mittelgelenk zum letzten Gelenk verursacht.

Der Nerv, der die Bewegung der Hüfte auslöst, und vom Knie zum Fuß, und vom Fußgelenk zu den Zehen, und dann zum Mittelglied der Zehen und die Kreisbewegung des Beins.

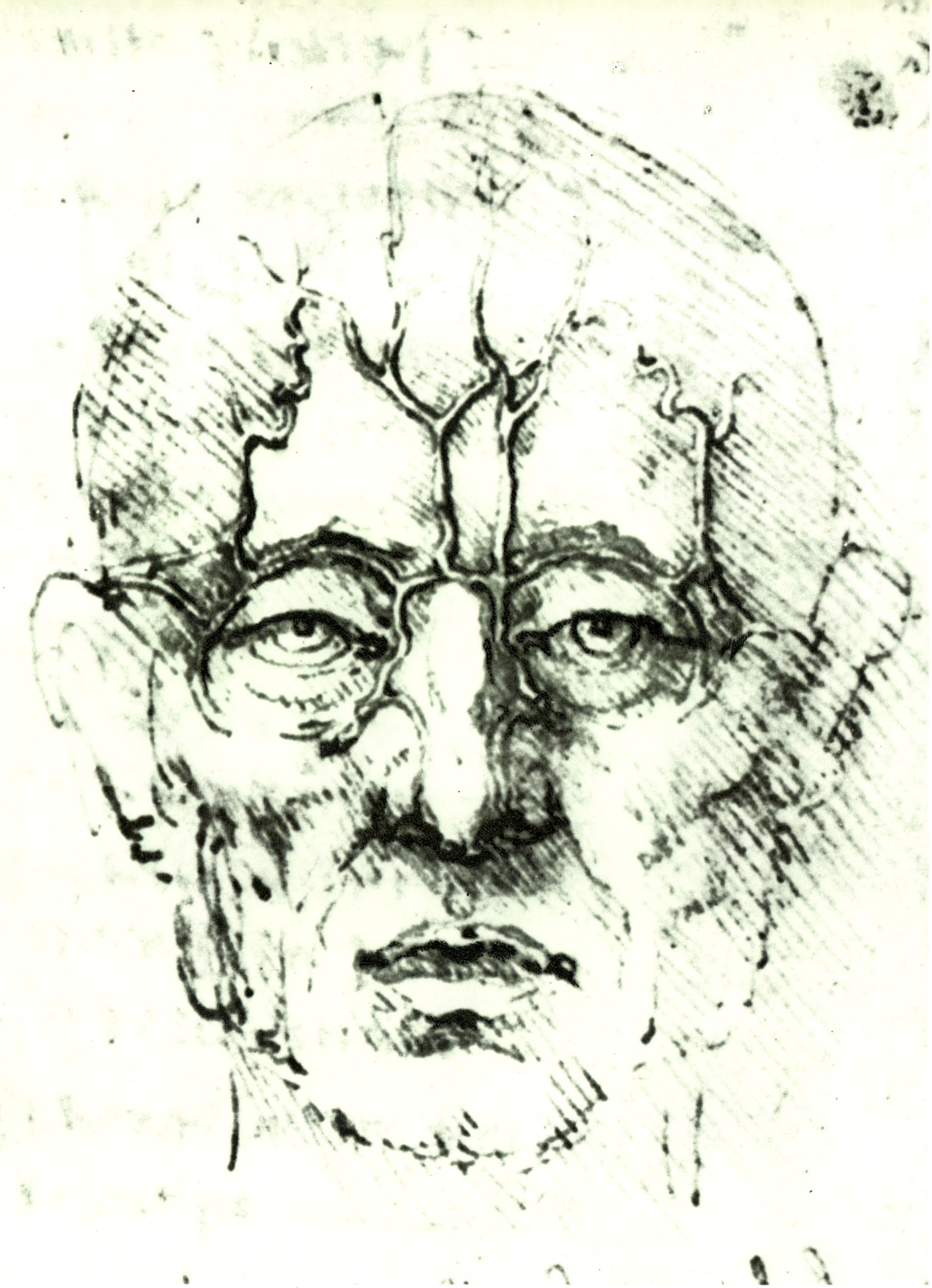

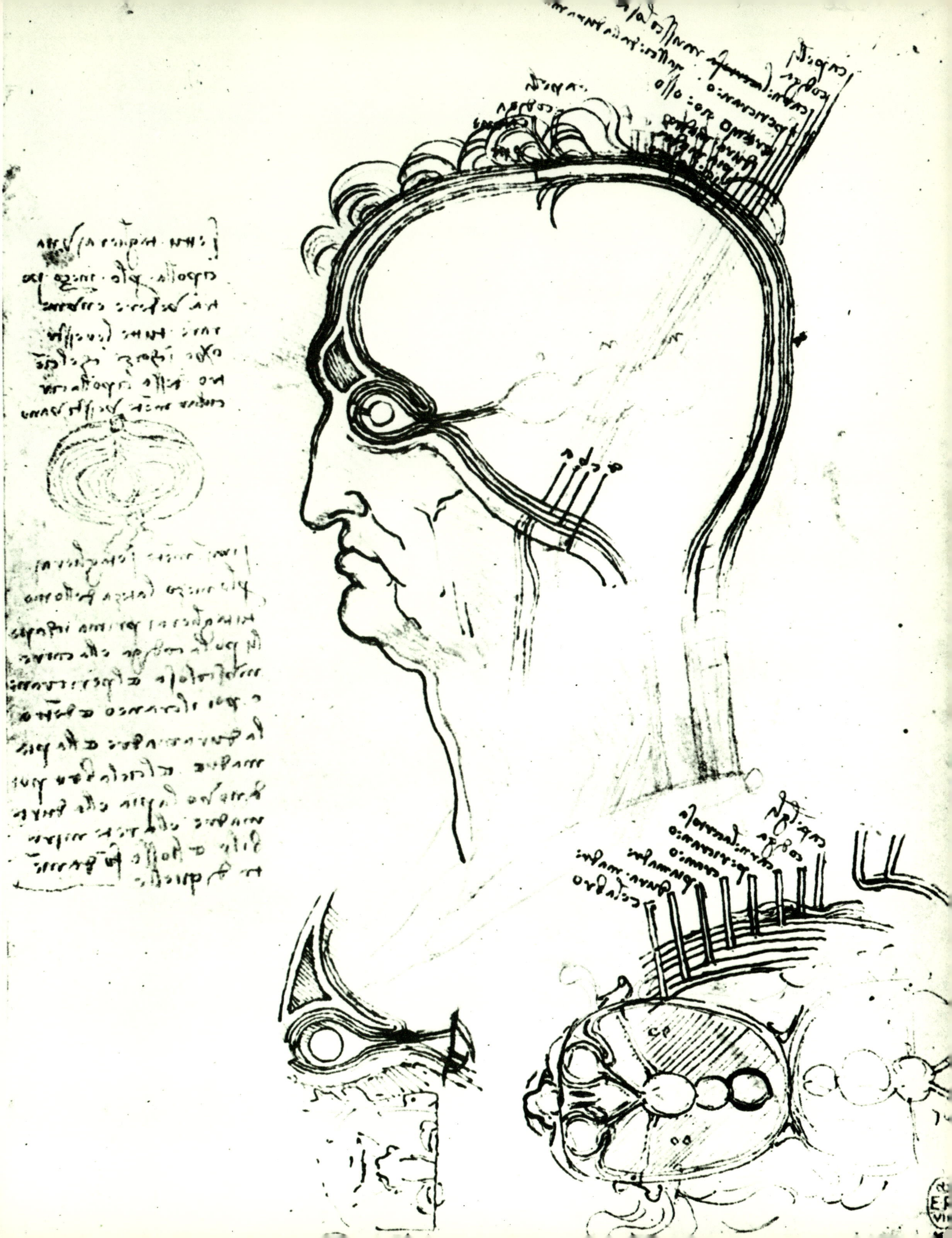

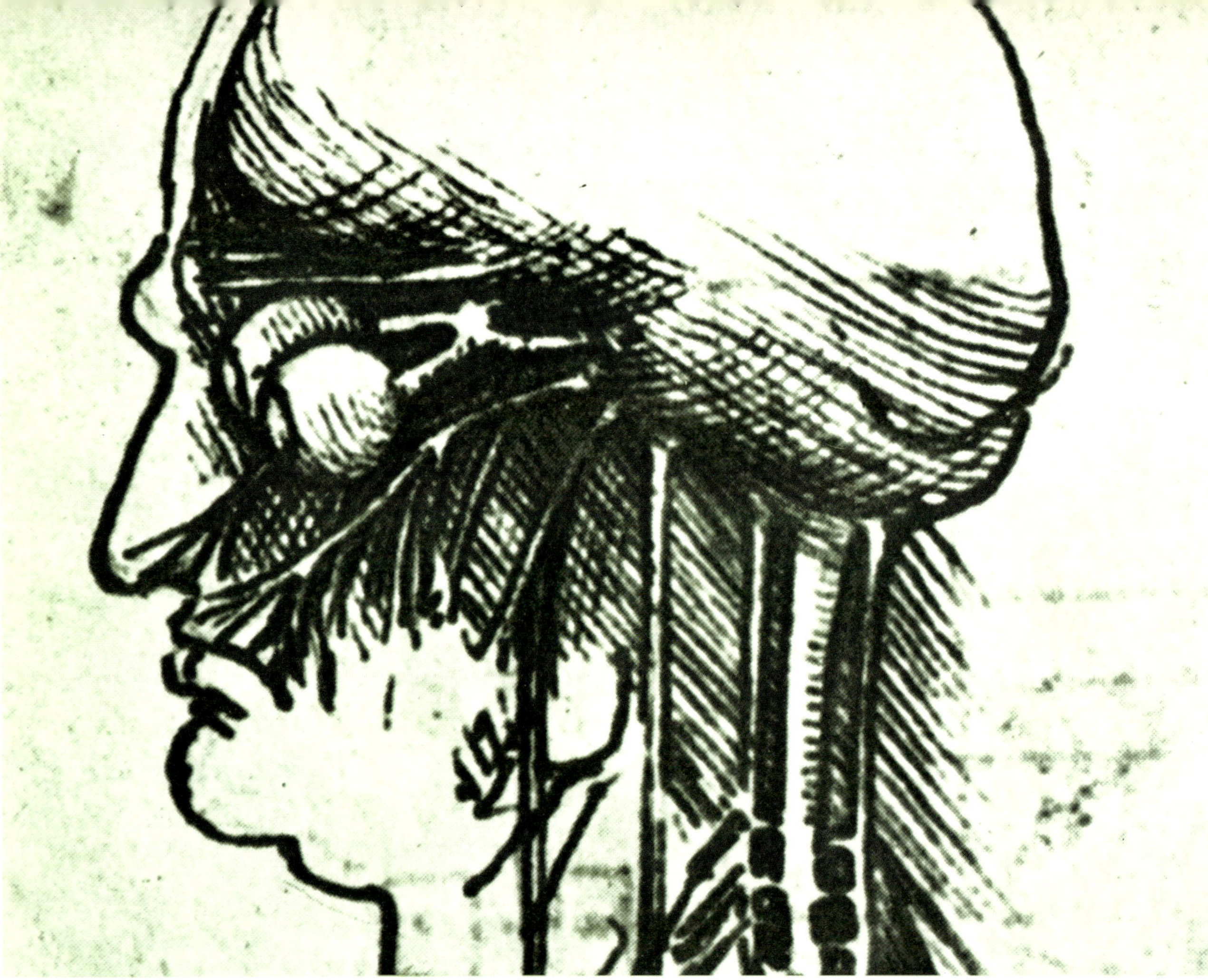

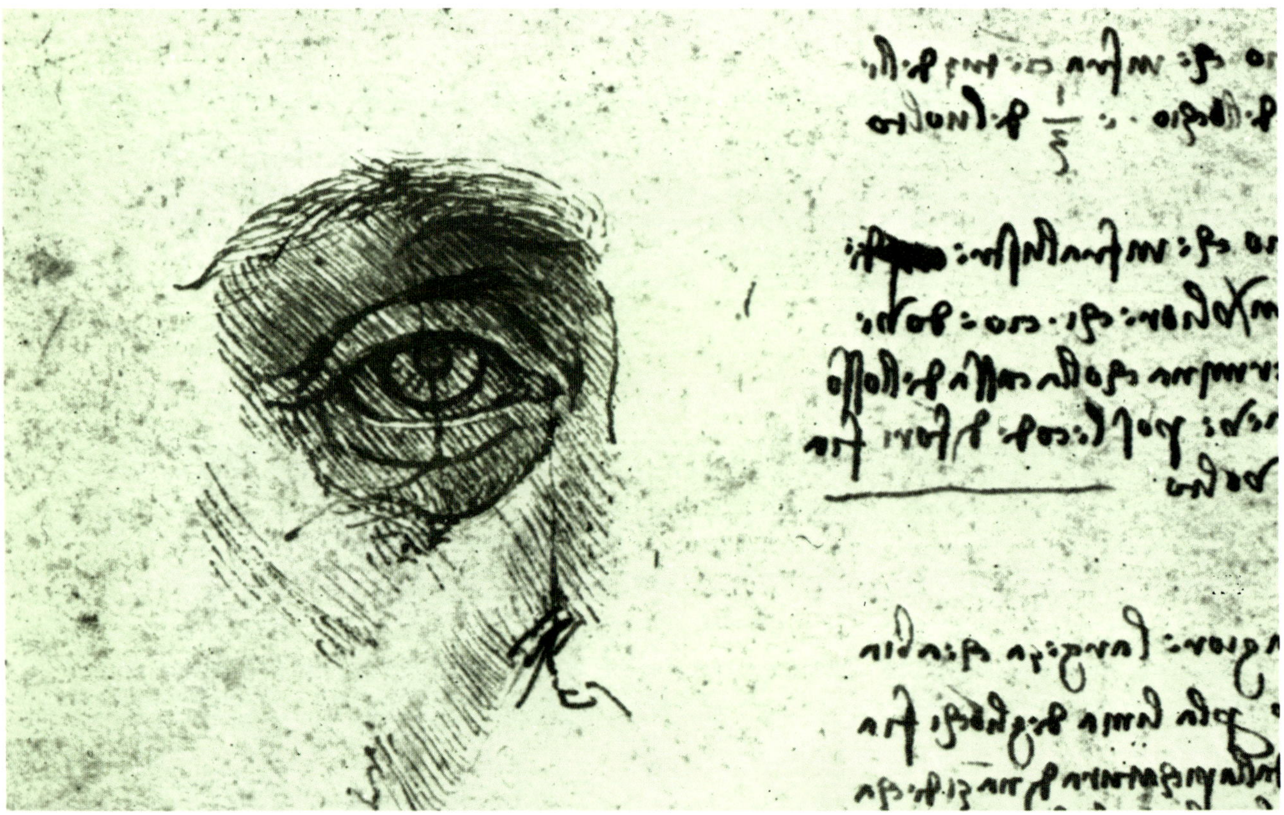

Versuchen wir nun sein anatomisches Werk nach Körperregionen und Organen zu schematisieren. Es besteht teils aus großen topographischen Blättern, teils aus Detailzeichnungen, die oft auf der gleichen Seite stehen wie die Gesamtdarstellungen.

1. Kopf und Schädel

Das ist eines der besten Kapitel bei Leonardo, der viele Köpfe von Hingerichteten untersucht hat, um sein Wissen zu präzisieren. Hier stammen alle Feststellungen ausschließlich von der Sezierung menschlicher Leichen.

In osteologischer Hinsicht ist die Schädeldecke hervorragend wiedergegeben, im Querschnitt und in Perspektivansicht. Erstmals sind Stirnhöhle und Kiefernhöhle, bis dahin unbekannt, richtig dargestellt, desgleichen die Hirnhäute, Pia Mater und Dura Mater; nur die Spinnwebenhaut fehlt. Alle Schädelnervenpaare sind am richtigen Ort, ausgenommen der ,,Patheticus'', das vierte Paar, dessen Fehlen verwunderlich ist, denn dieser den Augenausdruck steuernde Nerv hätte für Leonardo besonders wichtig sein müssen.

Revolutionär für die damalige Zeit ist das minutiöse, exakte, vollständige Studium der Gesichtsmuskeln. Jeder Muskel wird analysiert, nicht nur seiner Morphologie und seiner Lage, sondern auch in seiner Funktion; damit wird der Mechanismus der die Gefühle ausdrückenden Mimik erklärt. Dies ist der Ansatz zur Physiognomik, aus der Leonardo die Wissenschaft der Seelenzustände, wie sie in der Gesichtsmuskulatur zum Ausdruck kommen, machen wollte.

Weniger exakt ist die Beschreibung der Gesichtsblutgefäße, bis auf die oberflächlichen Venen, besonders die an den Schläfen, wegen der Bedeutung des Aderlasses in der zeitgenössischen Medizin.

Hingegen hat Leonardo als erster die Hirnkammern richtig beschrieben. Er injizierte Wachs in die Höhlungen, um sie besser beschreiben zu können, und die einzigen feststellbaren Anomalien sind darauf zurückzuführen, daß er kein Mittel zur vorherigen Fixierung besaß. Möglicherweise hat Leonardo sogar die erste Gasfüllung der Hirnkammern vorgenommen.

Leonardos Interesse für die Hirnkammern erklärt sich aus seinem Bestreben, die wichtigsten Elemente des menschlichen Denkens zu lokalisieren: Gedächtnis, Aufmerksamkeit, Phantasie, Erkenntnis, Überlegung, Willen und sogar der Sitz der Seele werden in einer bestimmten Region am Boden der dritten Kammer vermutet, wohin der ,,Lebensgeist'' mit der ,,Lebenswärme'' durch zwei imaginäre Kanäle vom Herzen her aufsteige.

Weder das Gehör noch der Geschmack (trotz einer genauen Untersuchung des Mundes und der Zunge) noch der Geruchssinn bilden Gegenstand besonderer Studien. Wahrscheinlich hat Leonardo die Zentren der Sinneswahrnehmungen im Gehirn vermutet und die entscheidende Rolle der Sinnesorgane nicht in Betracht gezogen.

Nur das Auge hat er seziert und genau studiert. Auch in diesem Organ hat Leonardo, von einigen anatomischen Irrtümern abgesehen, ganz richtig eine optische Linse erkannt, die das Bild des Gegenstandes verkehrt auf die Netzhaut wirft.

Er irrt, indem er den Brennpunkt am Ende des Sehnervs vermutet – das ist nämlich genau der blinde Punkt – und versteht nicht den Vorgang der Umkehrung des verkehrten Bildes im Gehirn, obwohl er als erster die Sehnervverkreuzung richtig beschrieben hat. Für ihn ist das Auge nur eine Camera obscura und das Sehen ein reiner Gehirnvorgang.

Ähnlich deutet er den Rachen-Nasen-Kanal, den er als erster entdeckt hat, als den Weg, auf dem die Tränen vom Herzen – dem Organ der Affekte – zu den Augen aufsteigen.

Er zeigt die Rückenmarkswurzel und verweist auf die Existenz eines Atmungszentrums sowie eines „Lebensknotens" – das ist der erste Hinweis auf das subkortikale, vom Großhirn unabhängige Nervenzentrum.

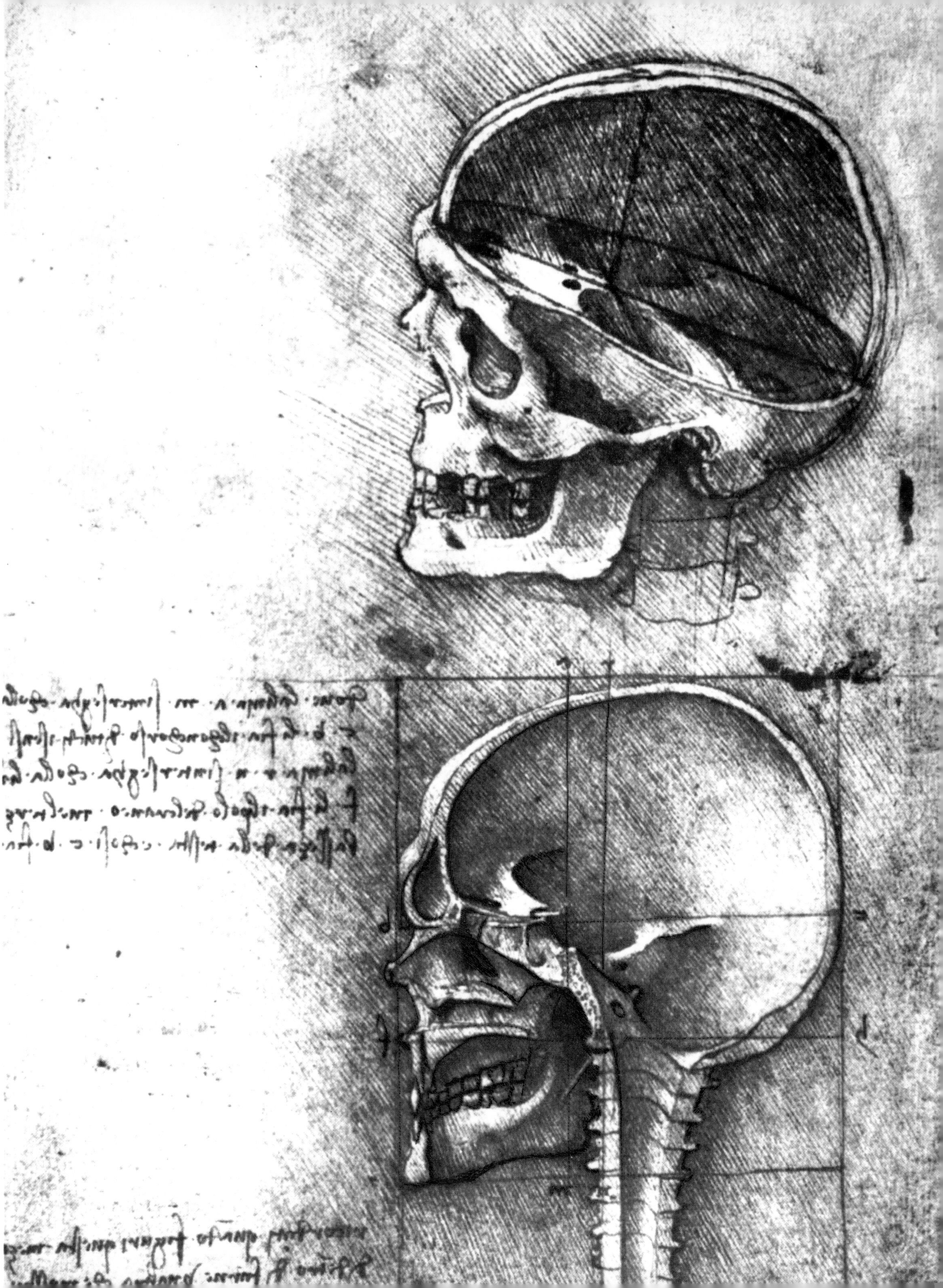

Der Kopf zerfällt in zehn Bestandteile, fünf äußere und fünf innere. Die äußeren sind Haar, Muskel, Muskelbinde, Schädel; die inneren sind die dura mater und die pia mater, (sie umschließen) das Gehirn. Pia mater und dura sind auch unterhalb und umhüllen das Hirn; dann das rete mirabile und der Occipitalknochen – er trägt das Gehirn, von dem die Nerven ausgehen.

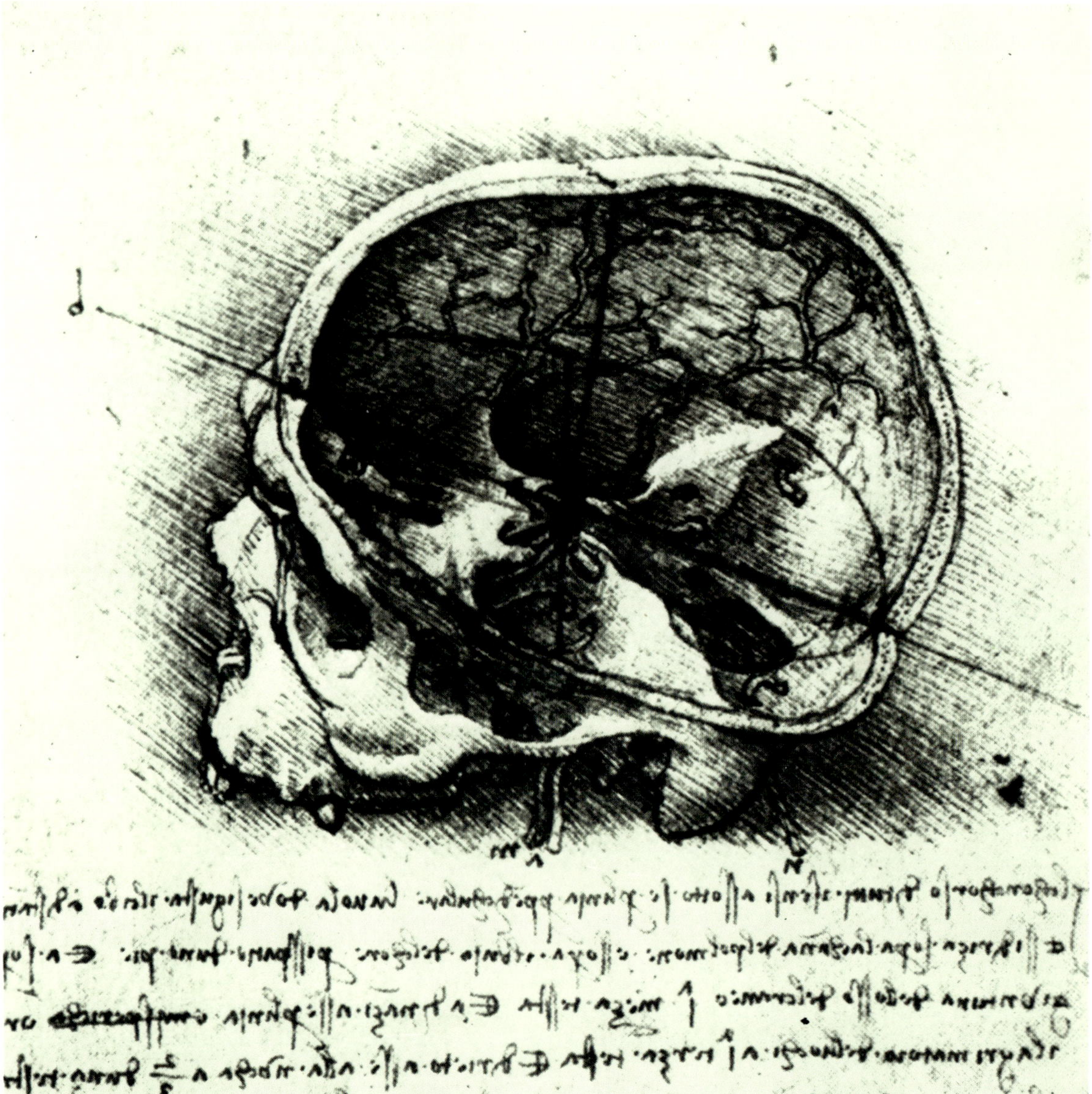

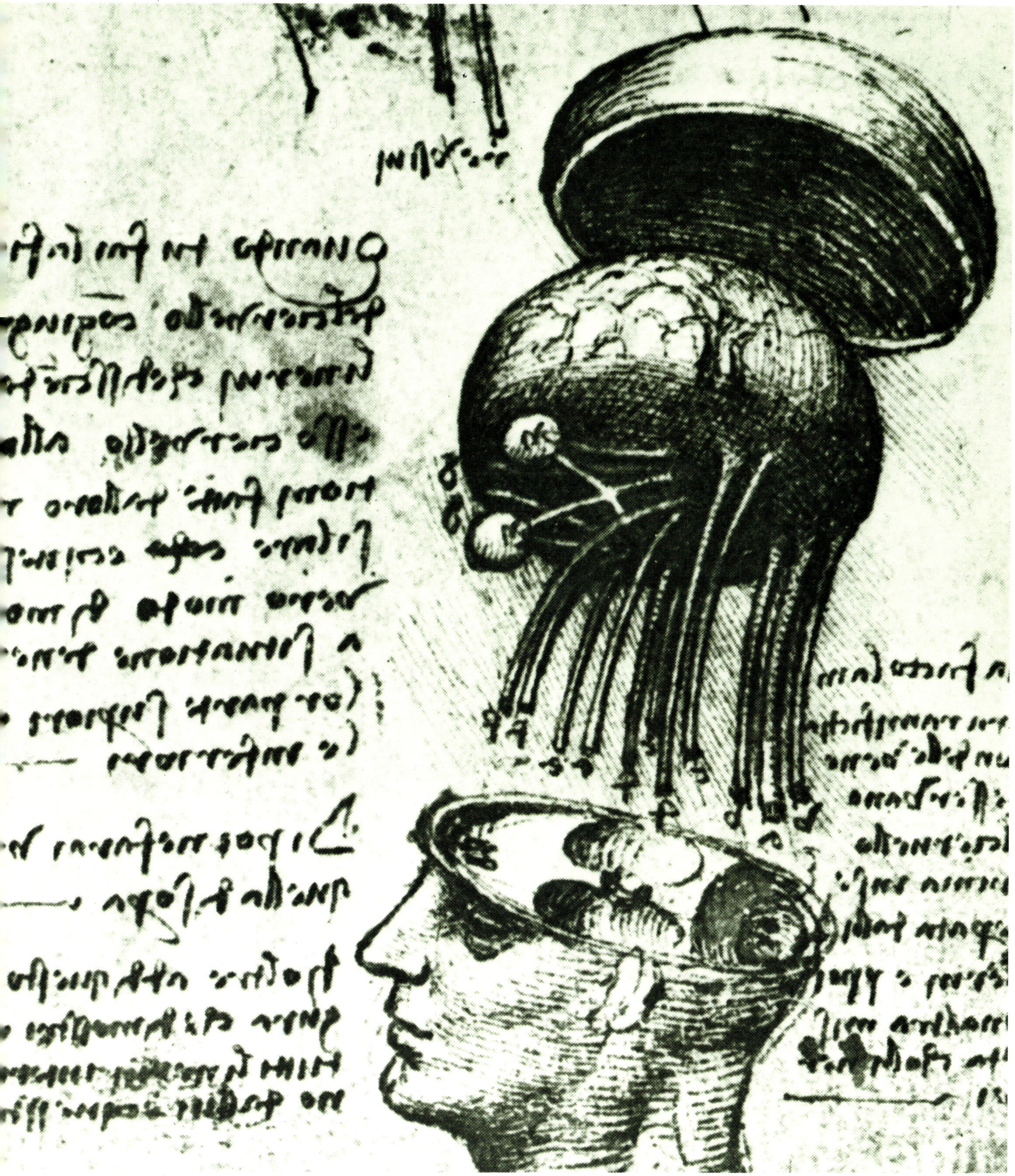

Die Stirnhöhlen.

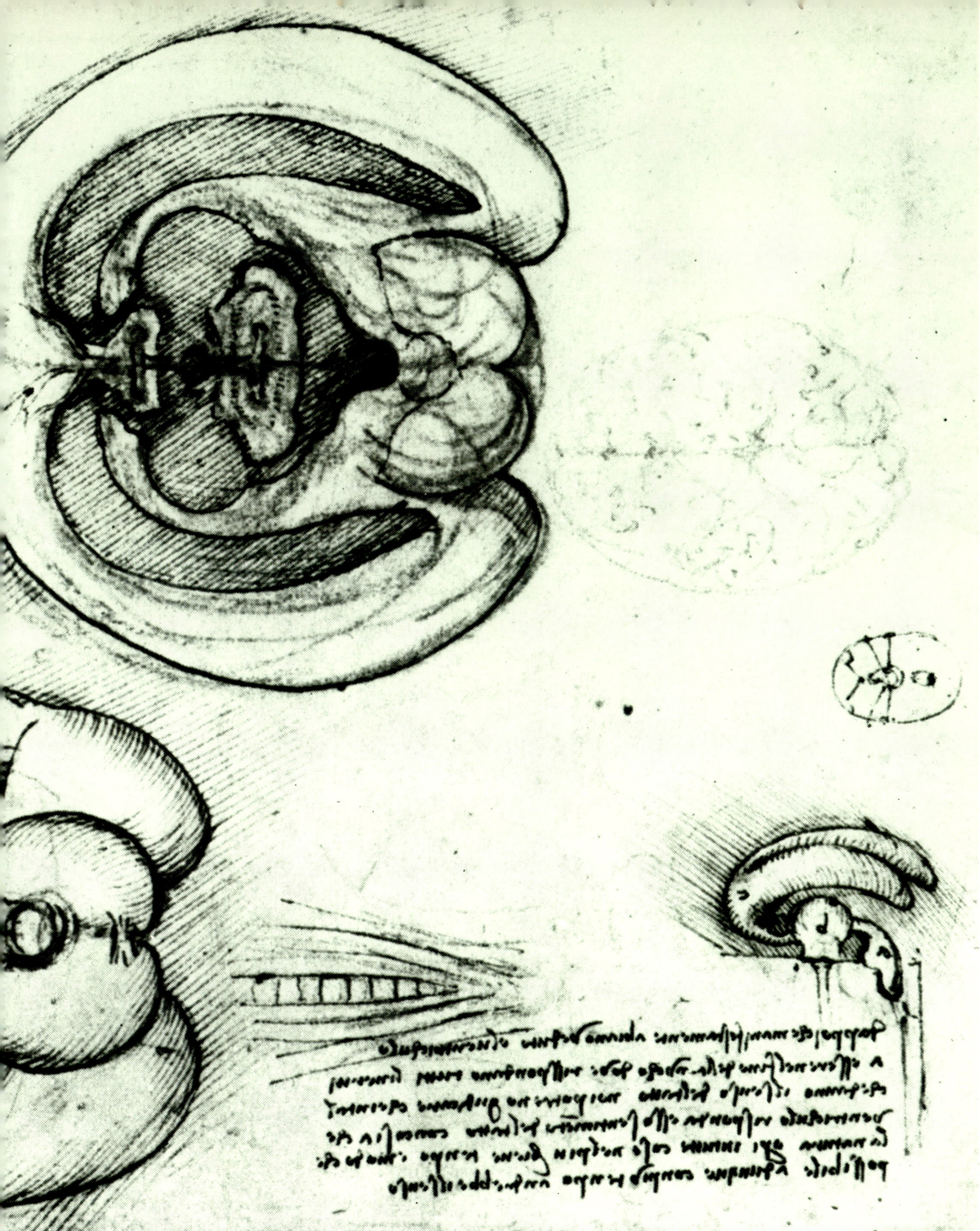

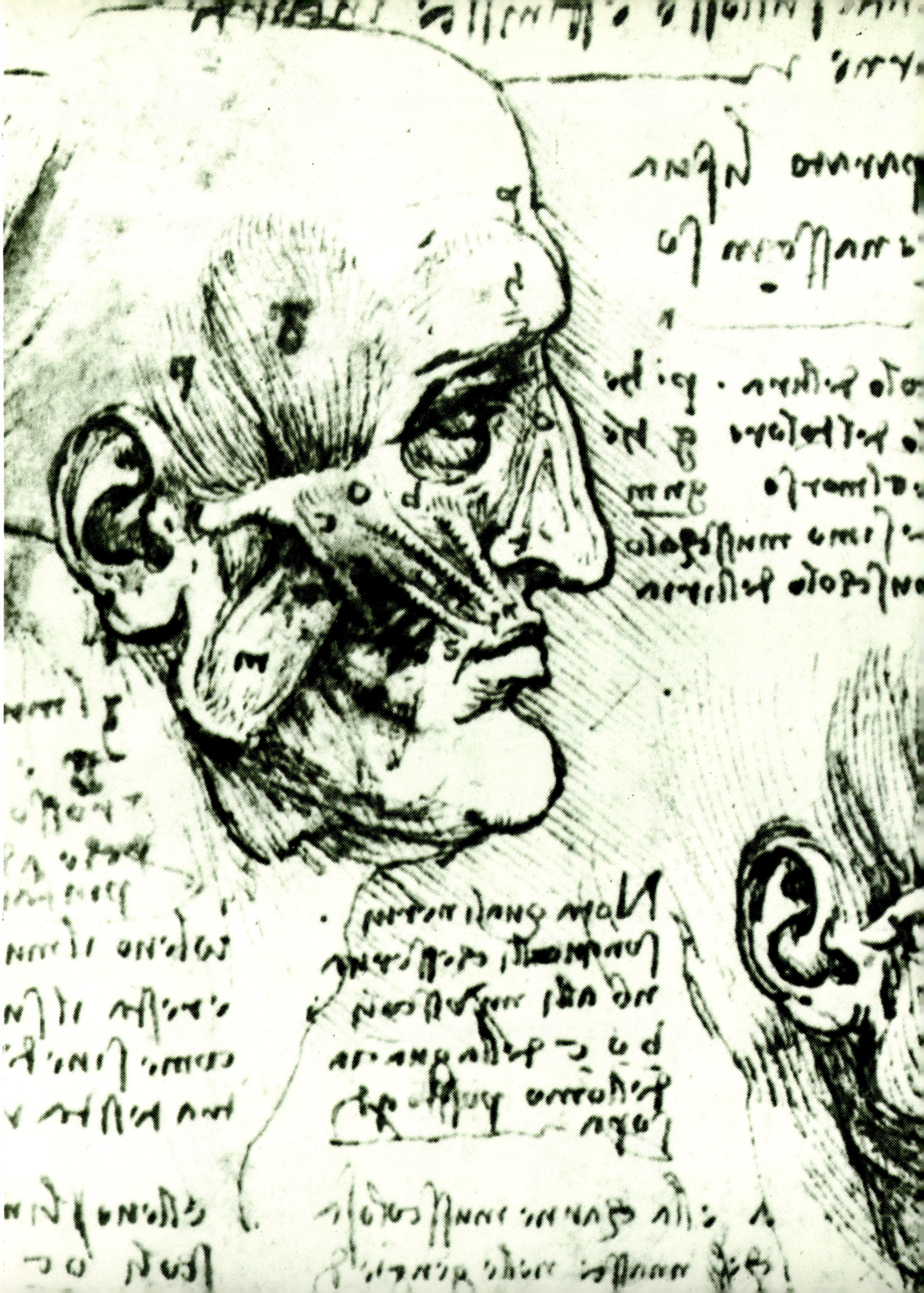

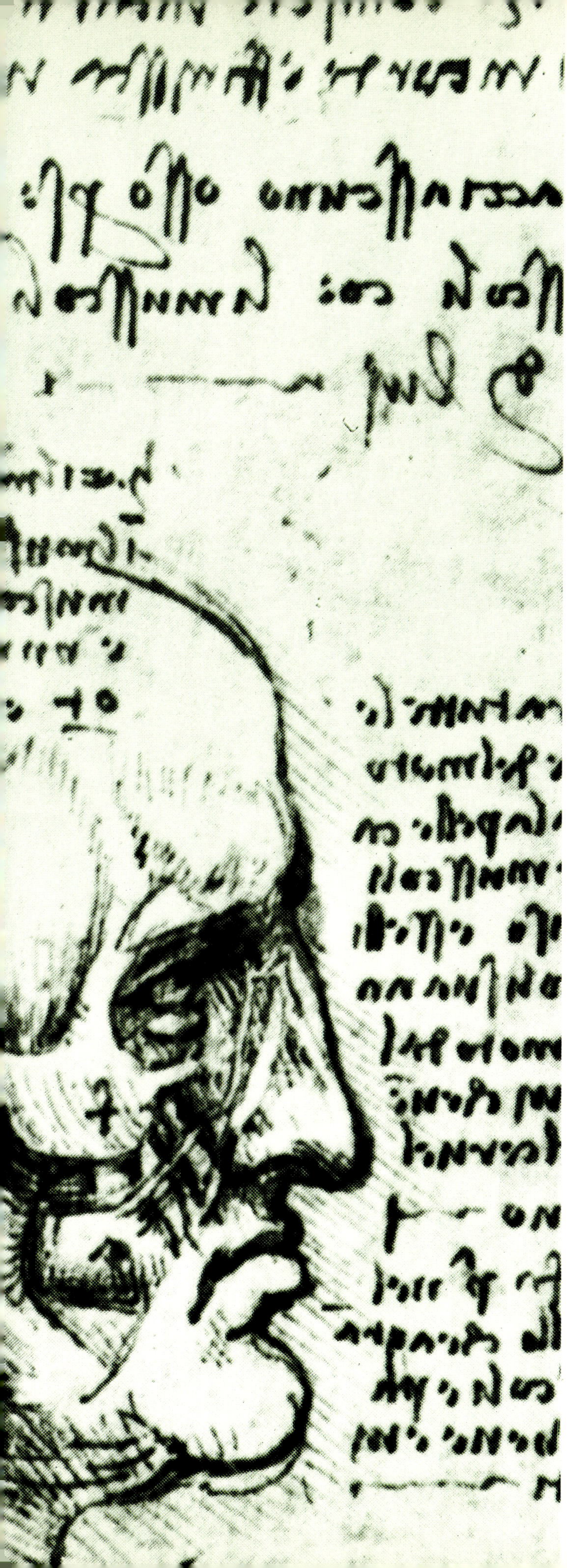

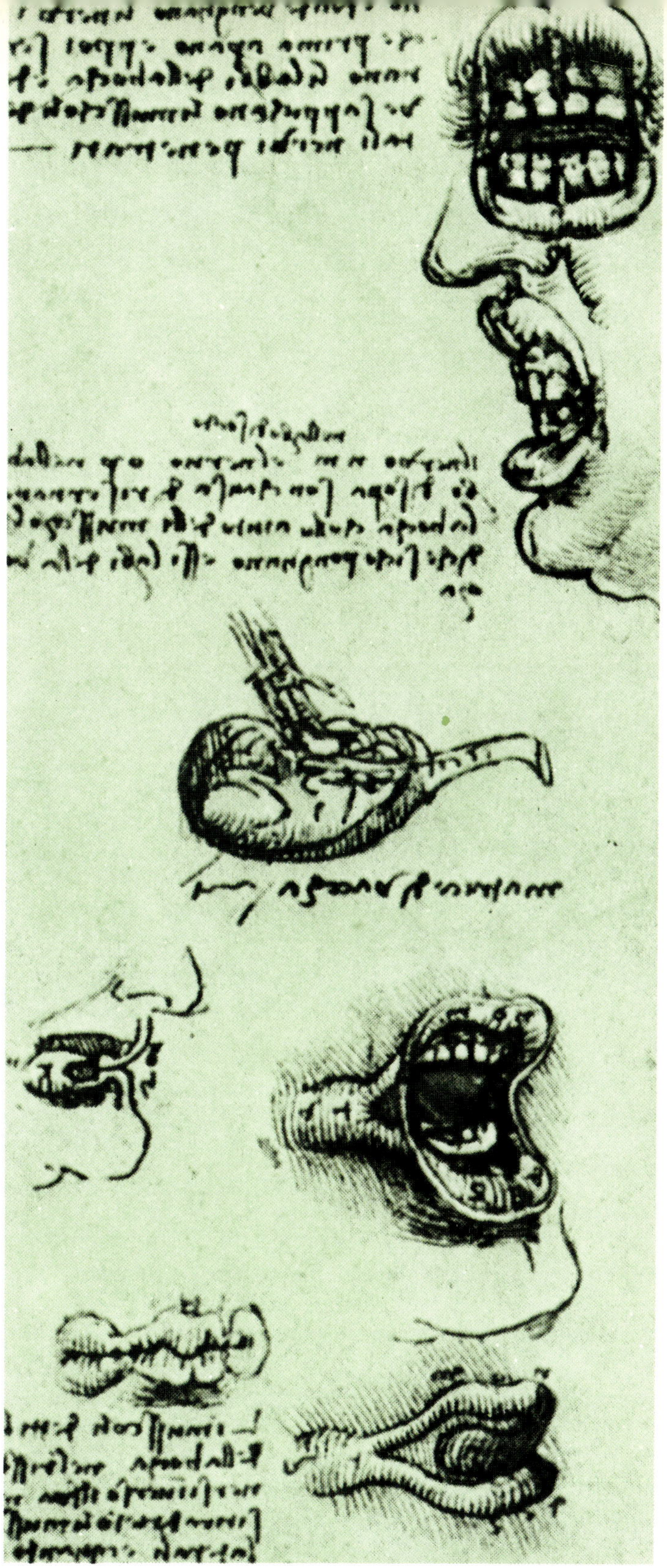

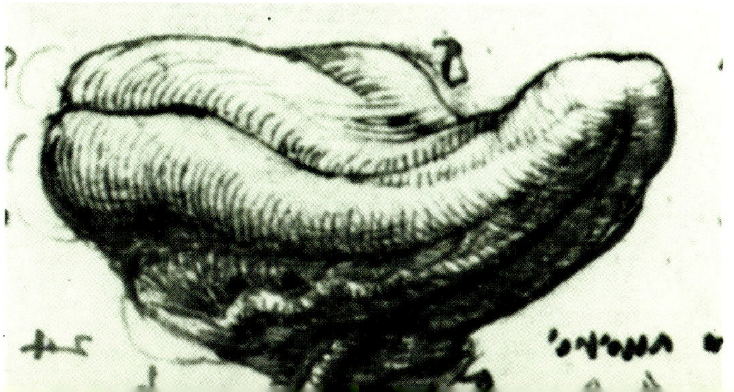

2. Hals und Genick

Was diese Region betrifft, hat Leonardo sie zwar genau studiert, kommt aber zu unterschiedlichen Schlüssen, die zum Großteil auf Extrapolationen tierischer Elemente zurückzuführen sind.

Die Mundhöhle ist richtig beschrieben, besonders das Zäpfchen, dessen Aufgabe er darin sieht, die Luft zu „sieben" und in die Lungen zu leiten, aber der Rachen ist nicht vorhanden und die Speiseröhre schließt direkt an den Schlund an. Das obere Ende der Wirbelsäule ist mehr oder minder korrekt wiedergegeben, trotz dem Fehlen der Wirbelbänder und der Ungenauigkeit in der Darstellung der Gelenksapophysen und der Verbindungsöffnungen. Auch in der Wirbelsäule vermutet Leonardo übrigens zwei imaginäre Kanäle als Leitungen der „Lebenskräfte" die seiner Meinung nach wie die Meeresgezeiten auf und ab fließen.

Hingegen ist der Brachialplexus trotz seiner Kompliziertheit richtig beschrieben – mit einer teleologischen Theorie: er sei so vielschichtig und kompliziert, um bei einer zufälligen Verletzung nicht gänzlich zerstört zu werden!

Was die Nackenmuskeln betrifft, so sind sie recht gut dargestellt, zum Teil als einfache Schnüre, um besser zu zeigen, wie sie durch gegenläufige Bewegungen den Kopf in Position halten.

Die Mechanik der Stimmbildung hat Leonardo fasziniert. Die Luftröhre mit ihren beweglichen Knorpelringen ist gut beschrieben, aber sie endet in einem zu großen Kehlkopf – wahrscheinlich ist es ein Hundekehlkopf. Darauf sitzt eine kleine Schweinsschilddrüse, deren Funktion nicht erklärt wird, denn die endokrinen Drüsen waren damals noch völlig unbekannt.

Eine Reihe von Experimenten mit dem Ziel, mit Hilfe künstlicher Luftröhren den Stimmklang zu reproduzieren, hat bewiesen, daß die Lungen als Blasebalg und die Kehlkopfhöhle als Resonanzkörper dienen; aber Leonardo glaubt, daß die Stimme durch einen Wechsel im Durchmesser der Luftröhrenringe hervorgebracht wird. Zwar hat er als erster die Stimmritze zwischen den beiden Stimmbändern gesehen und gezeichnet, daraus jedoch nicht die richtigen physiologischen Schlüsse gezogen.

Immerhin haben diese Beobachtungen es dem Künstler ermöglicht, seine anatomisch-physiologischen Entdeckungen zu nutzen und den Prototyp einer Flöte mit Mundstück, einem schematisierten Kehlkopf – zu konstruieren und mit zwei ineinandergefügten perforierten Röhren, nach dem Prinzip der Posaune, den „Glissando" – Effekt zu produzieren. Die Halsarterien sind ungenau, unvollständig und in Einzelheiten falsch dargestellt (besonders die Halsschlagader); desgleichen die Nerven, obgleich die Rückläufe gezeigt sind, allerdings verkehrt und ohne Hinweis auf ihre Funktion, die doch sehr wichtig ist – sowohl für den Einlaß der Luft aus den Lungen als auch für die Stimmbildung im Kehlkopf.

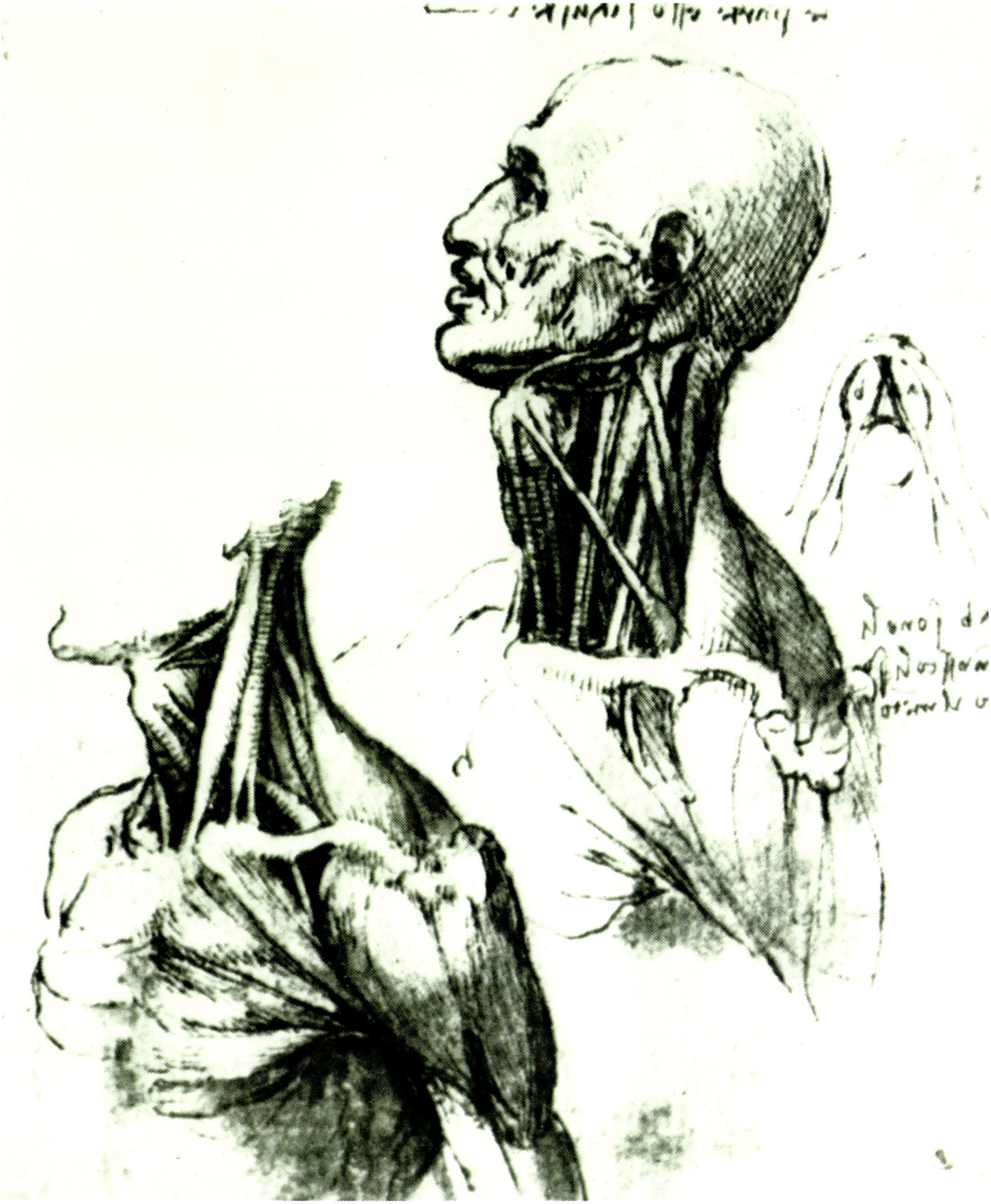

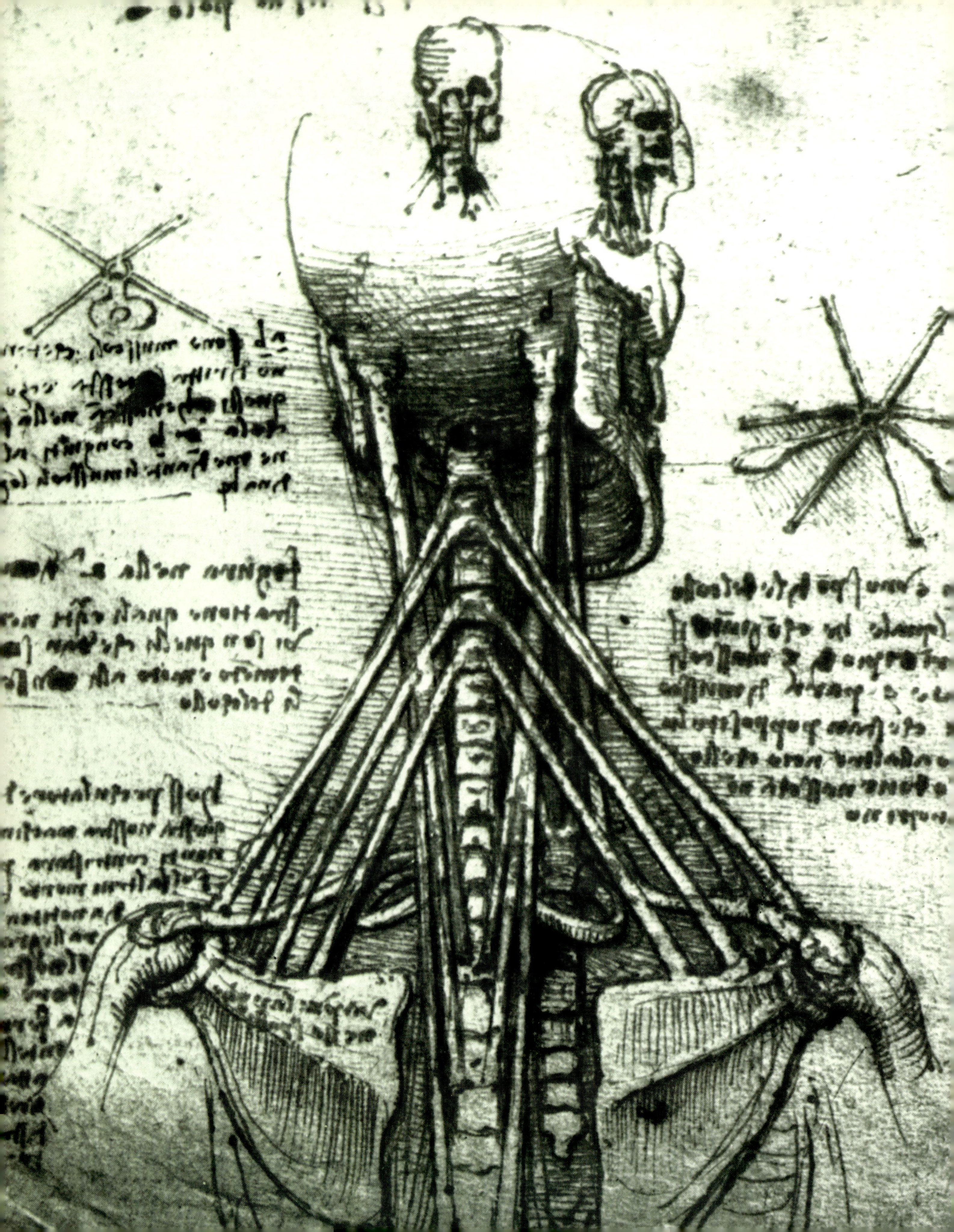

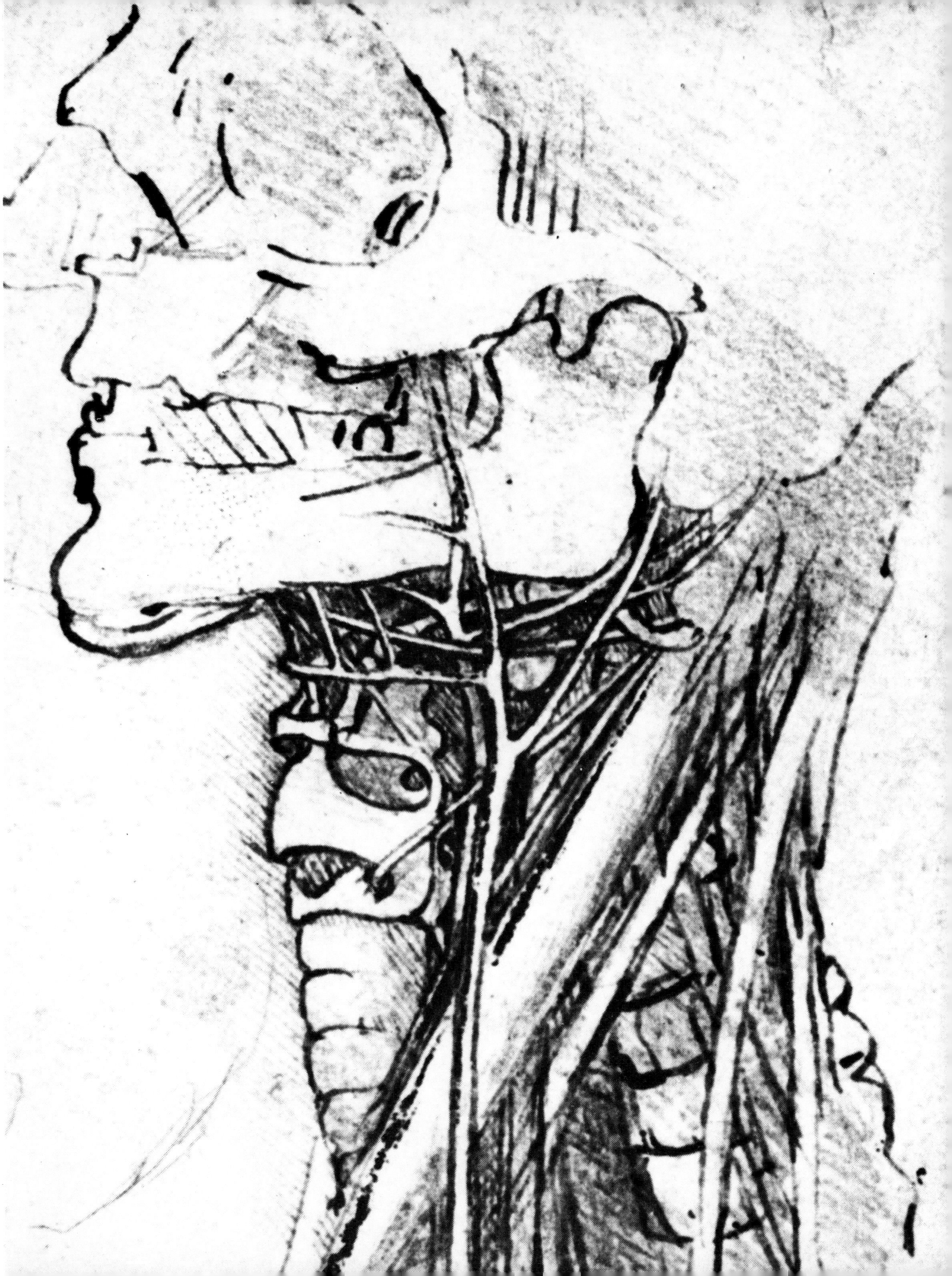

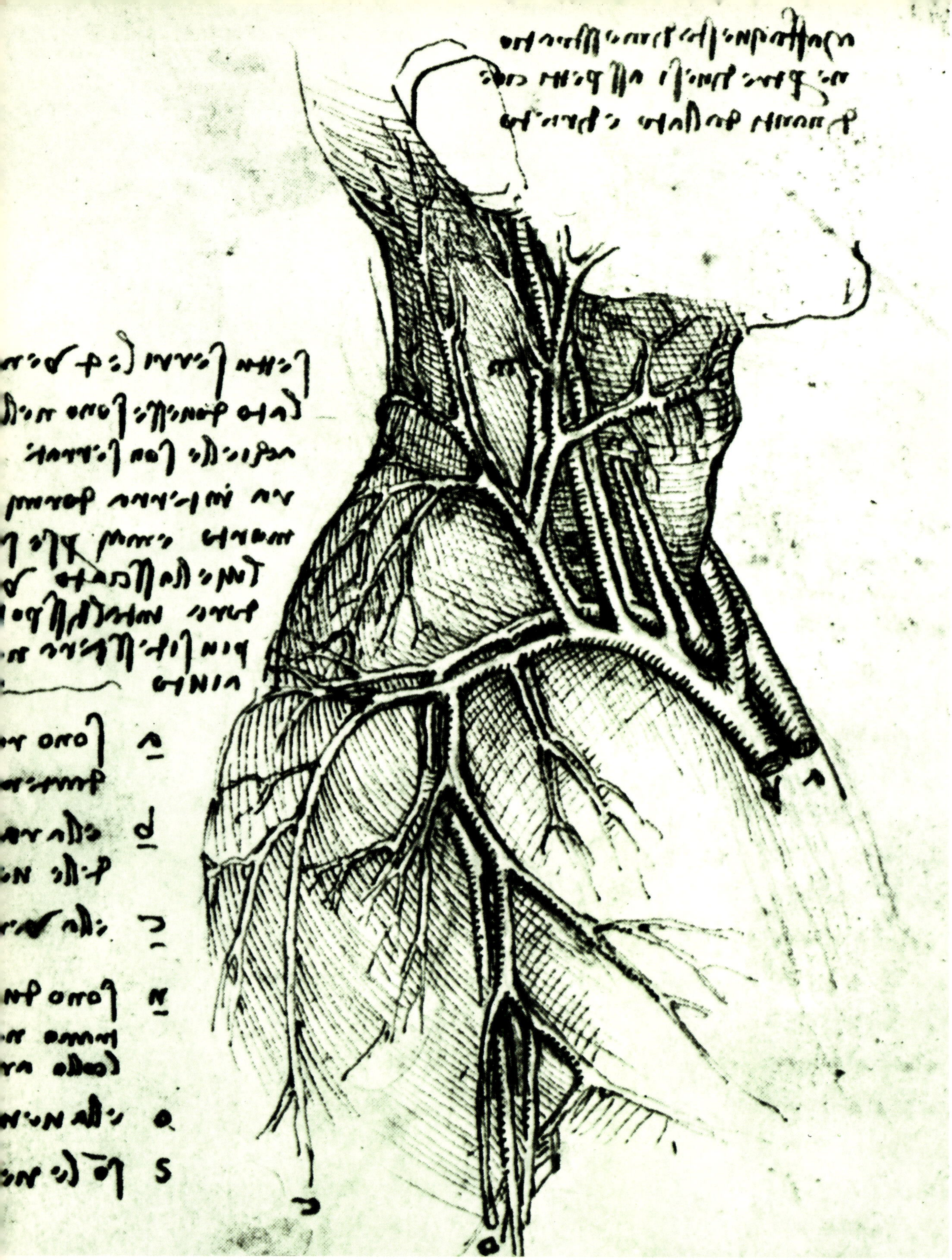

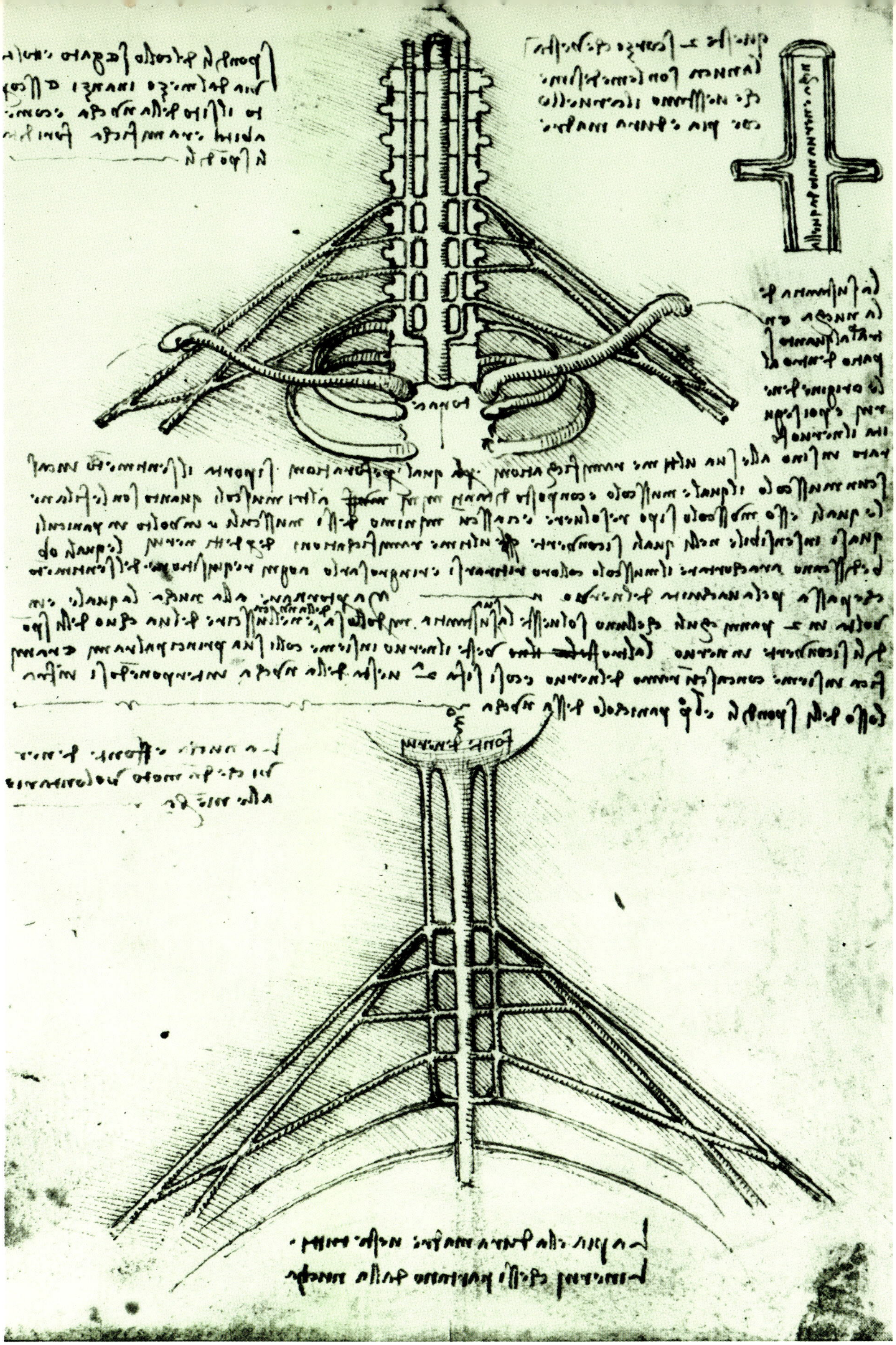

3. *Obere Gliedmaßen*

Die Nützlichkeit dieser Studien für die bildliche Darstellung menschlicher Gestalten liegt auf der Hand. Man ist daher nicht erstaunt über die minutiöse Wiedergabe von Knochen und Muskeln. Die langen Röhrenknochen sind faktisch ebenso gezeichnet, wie man es auch heute noch macht, auch in ihrer inneren Struktur : zum erstenmal sind die Höhlungen mit dem Knochenmark dargestellt. Die Gelenke mit Kapseln und Bändern sind richtig gezeichnet Stellen. Die Muskeln sind mit größter Sorgfalt beschrieben, ihre Ansätze (rund oder flach, mit einem, zwei oder mehreren Häuptern), ihr Verlauf und ihr Relief sind präzise gezeigt. Querschnitte demonstrieren die Verbindungen der Muskelfasern untereinander und mit den Nervensträngen.

Besonders hervorzuheben ist die Darstellung der Handsehnen, die als Schnüre gezeichnet sind und das Vorbild für einen Mechanismus zur Betätigung von Klarinettenklappen abgeben. Und vor allem die erstaunlich genaue Bestimmung des Verlaufs der Nerven von den Armen zur Hand und zu den Fingern; sie gilt bis heute als richtig.

Das besondere Interesse für die Demonstration der „antagonistischen" Muskeln entspringt dem Wunsch des Künstlers, den Mechanismus der Körperhaltungen zu erklären. Für Leonardo ist der Knochen ein Hebel, der Muskel das Zugseil und das Gehirn – von dem der Nerv nur eine Verlängerung ist – der Motor. Er ist überzeugt, daß die Gefühle und Empfindungen die Körperhaltungen bestimmen und bedingen. Das ist eine fixe Idee, die ihm teuer ist: Der Körper gehorcht den Trieben der Seele und spiegelt sie wider. Das fügt sich vollkommen ein in die Idee von der allgemeinen Mechanik, vom Mikrokosmos des Menschen, der als ein verkleinertes Ebenbild des Makrokosmos verstanden wird.

Während die Venen vernachlässigt sind (trotz ihrer chirurgischen Bedeutung für den Aderlaß), sind die Arterien detailliert und im wesentlichen exakt wiedergegeben, bis auf das Geflecht der Muskelfasern, die von ihnen ausgehen.

4. *Rumpf und Brustkorb*

Wie bei den Gliedmaßen ist die Arbeit in bezug auf Knochen und Muskeln hervorragend. Besonders die physiologischen Krümmungen der Wirbelsäule sind vollkommen und in physiologischer und mechanischer Hinsicht sehr „modern" aufgefaßt. Die Muskeln sind richtig gezeichnet.

Zu den kleinen Irrtümern zählen der anomale Ansatz des Trapezmuskels an einem zu großen Schulterblatt und der des großen Schiefmuskels an den Wirbeln. Der Künstler hat die wichtige Rolle der Rückenmuskeln in der Körperstatik gut erfaßt, nicht aber die der Bauchmuskeln. Seiner Meinung nach dienen die Muskeln der Bauchdecke und besonders des Zwerchfells einzig zur Kontraktion des Bauchfells und dadurch der Darmschlingen; die Peristaltik war noch nicht bekannt.

Die Aorta und die Vene der oberen Herzkammer sind recht exakt wiedergegeben, obgleich an einem Tier (Rind) studiert. Neu ist die Entdeckung des Sympathicus in der Brust, der richtig eingezeichnet ist.

Das Brustbein, aus sieben Knochenteilen bestehend, ist zu lang; hingegen sind die Rippen mit ihren Muskeln und Nervensträngen richtig angegeben. Dem Zwerchfell schreibt Leonardo eine doppelte Rolle zu: bei der Atmung zu helfen und durch Druck auf die Bauchmasse die Darmkontraktionen zu fördern.

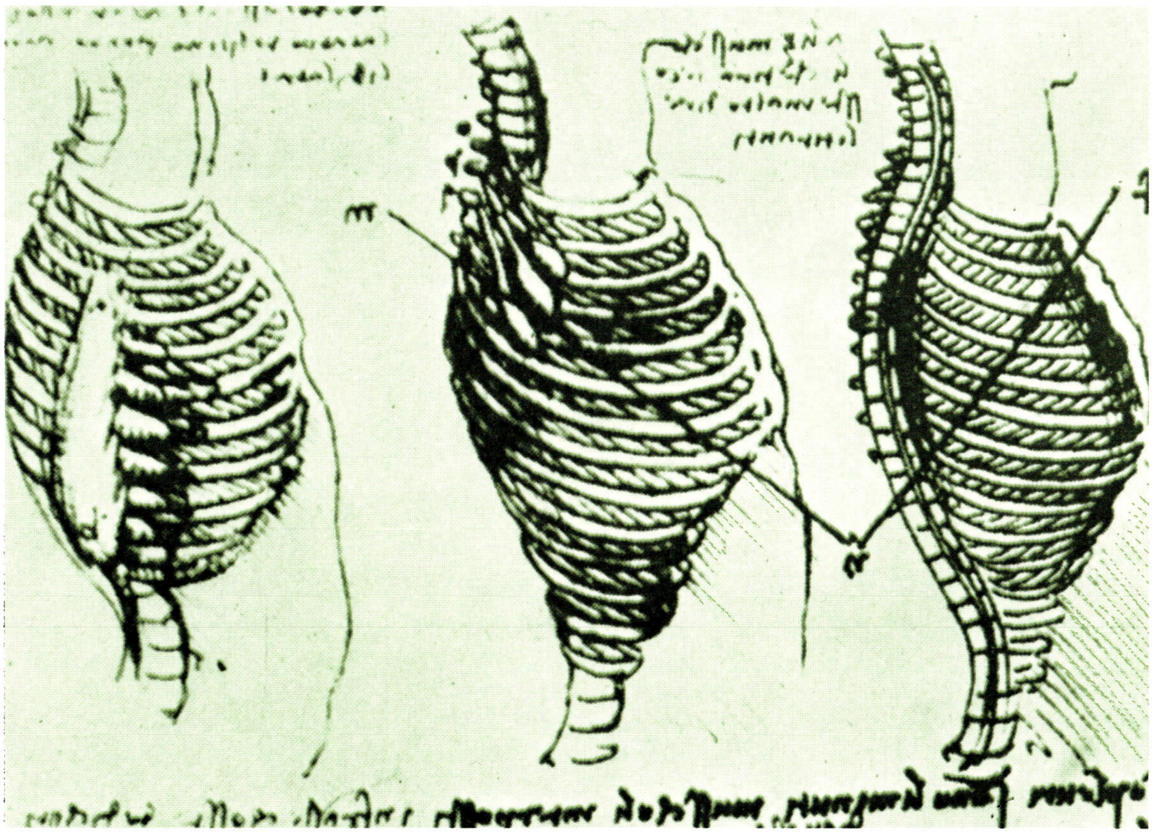

Zeichne zuerst die Knochen, sagen wir, des Arms und setze dann den Bewegungsmuskel von den Schultern zum Ellbogen mit allen Fasern ein. Dann mache das gleiche mit den Muskeln vom Ellbogen zum Handgelenk, vom Handgelenk zur Hand und von der Hand zu den Fingern.

Auf dem Arm zeichne dann die motorischen Muskeln der Finger ein und demonstriere diese dann auf einer eigenen Zeichnung. Bei der zweiten Demonstration umhülle diese Muskeln mit den sekundären Bewegungsmuskeln der Finger und gehe schrittweise vor, um Verwirrung zu vermeiden. Als erstes zeichne die den Knochen am nächsten liegenden Muskeln, ohne sie mit anderen zu vermengen; dann kannst du die Nerven hinzufügen und die Adern, die sie mit Nahrung versorgen, nachdem du zunächst das Geflecht der Venen und Nerven über den einfachen Knochen gezeichnet hast.

Bedenke: Wenn du den Ansatzpunkt eines Muskels genau feststellen willst, mußt du die Sehne, die mit dem Muskel verbunden ist, so spannen, daß du siehst, wie der Muskel sich bewegt und wo er am Knochen angewachsen ist.

Bei der Demonstration der Muskeln und ihrer Lage, ihres Anfangs und Endes wird nur Verwirrung herauskommen, wenn du nicht zuerst dünne Muskeln in der Art von Leinenfäden darstellst; so kannst du sie zeigen, wie die Natur sie angeordnet hat, einer über dem anderen; und du kannst sie dann nach dem Glied, dem sie dienen, benennen: beispielsweise Bewegungsmuskel der Spitze der großen Zehe, des Mittelglieds, des ersten Glieds usw. Und wenn du es kannst, wirst du daneben die wahre Form, Größe und Lage jedes Muskels aufzeichnen. Doch denke daran, die Linien einzusetzen, welche die Stellung der Muskeln in der Lage erklären, die der Mittellinie eines jeden Muskels entspricht; diese Linien werden die Form des Beins klar und deutlich zeigen.

Ich habe von der Leiche eines Mannes, der an Muskelschwund gelitten hatte, die Haut abgezogen; die Muskeln waren auf dünne Membranen zusammengeschrumpft, so daß die Sehnen, statt in Muskeln zu münden, in dünnen Häutchen endeten; und wo die Knochen noch mit Haut bedeckt waren, zeigten sie kaum mehr als ihre natürliche Größe.

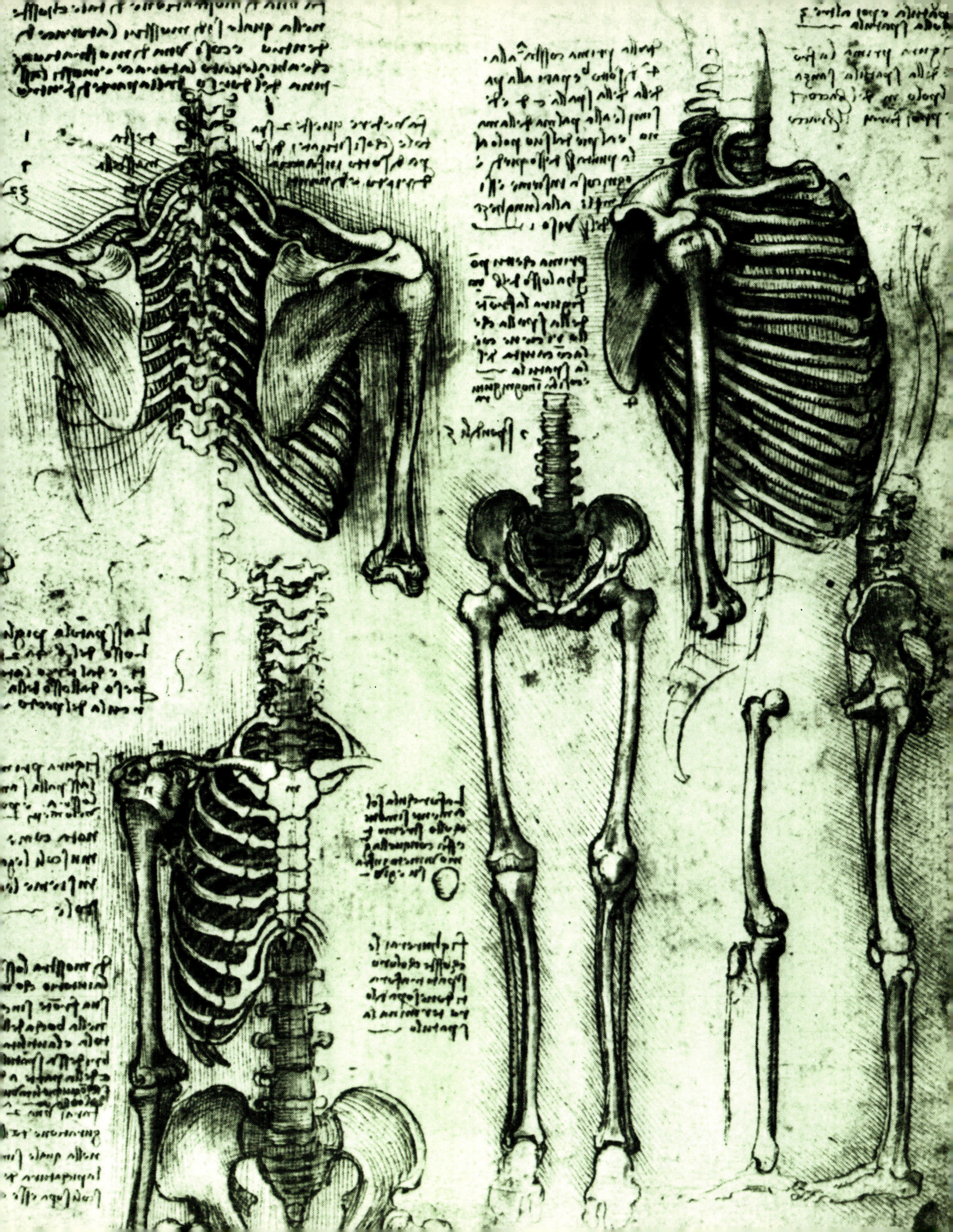

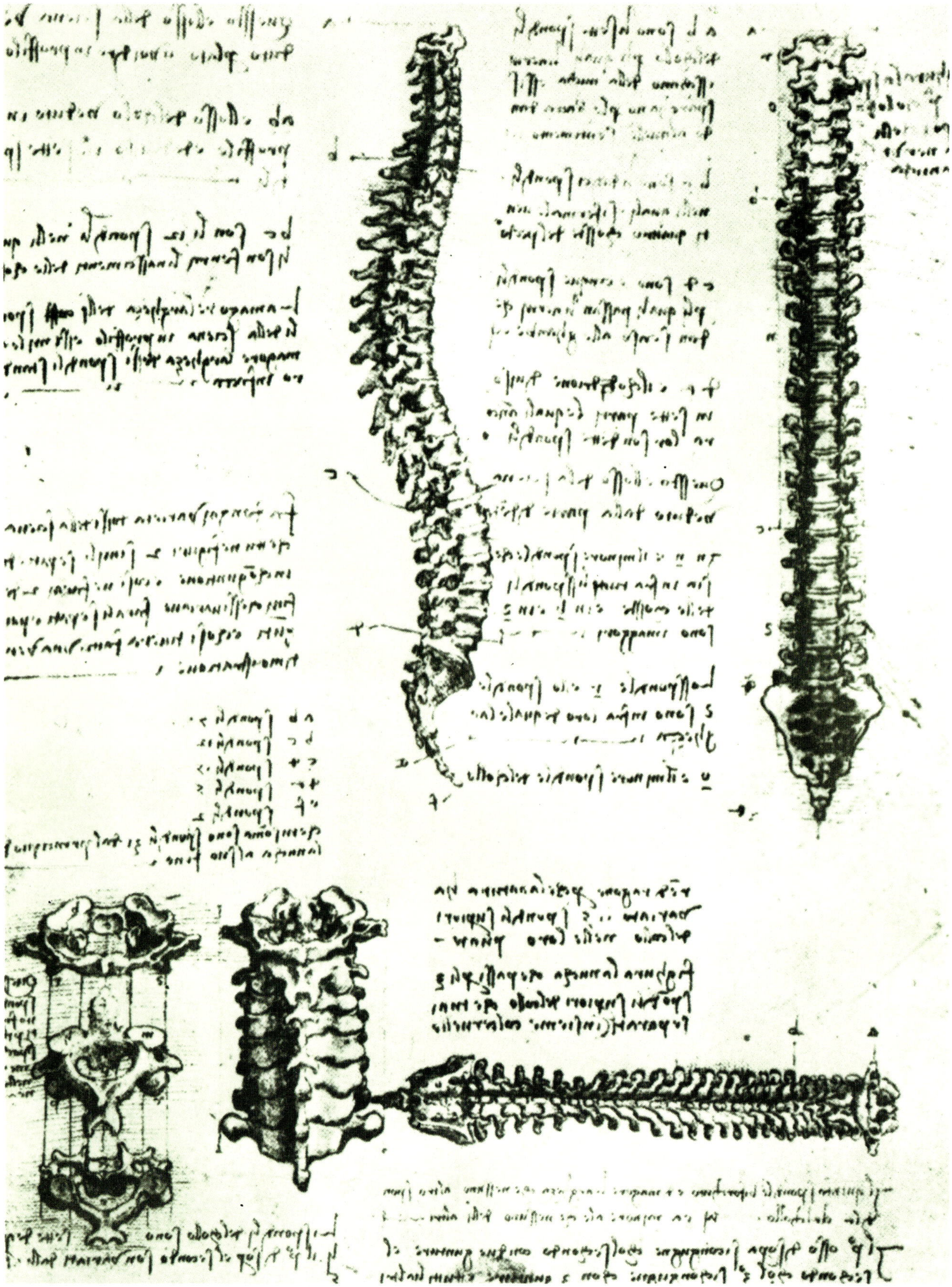

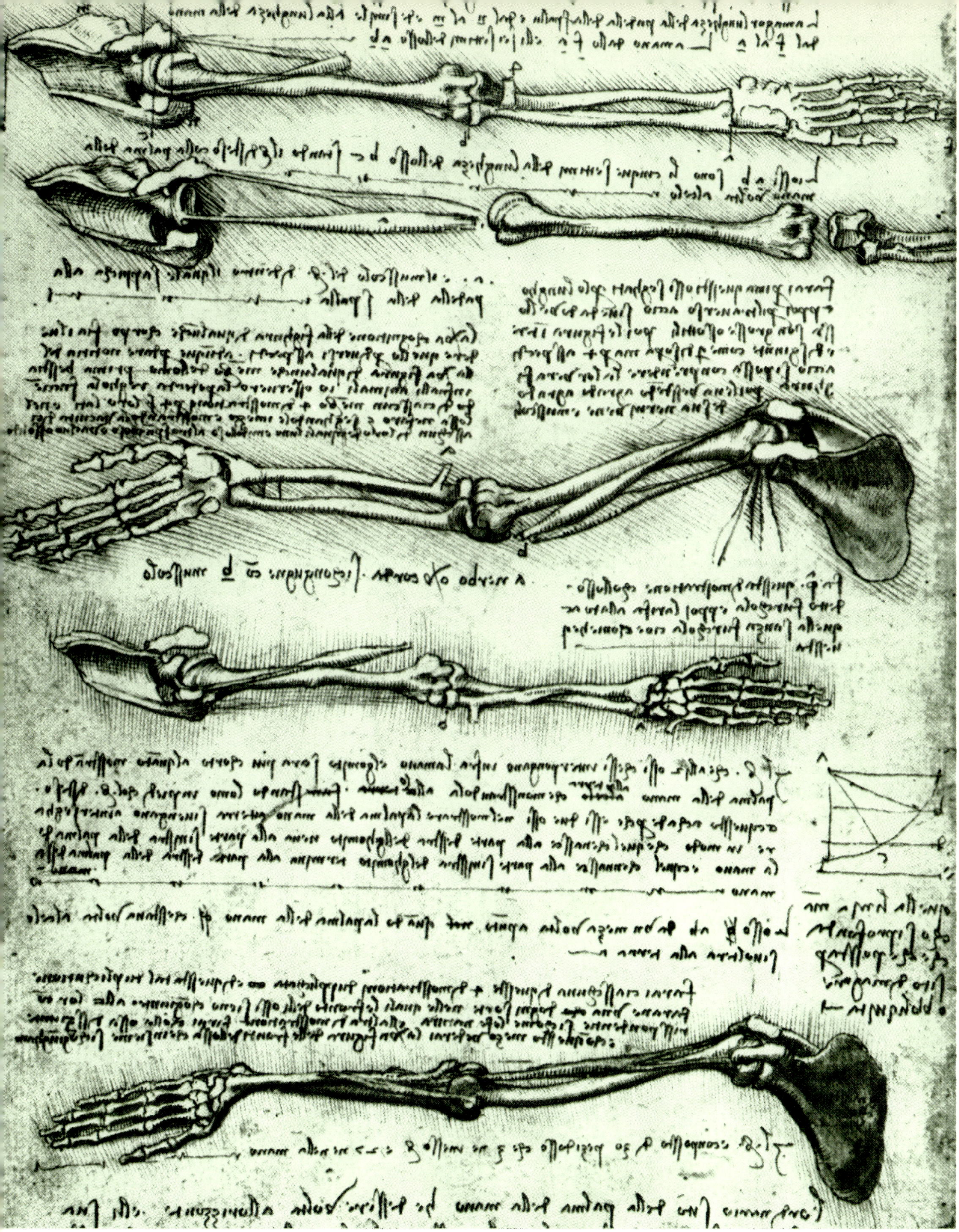

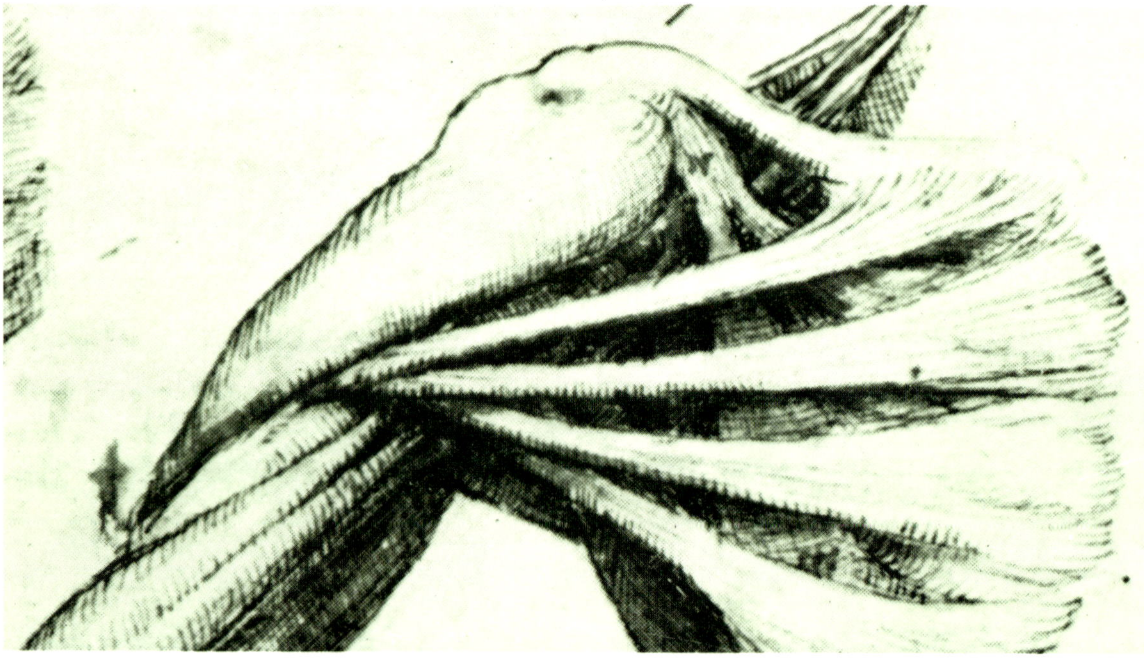

Beschreibe, welche Muskeln beim Dickwerden verschwinden und welche beim Abmagern sichtbar werden.

Beobachte, daß der konkavste Teil an der Oberfläche eines dicken Menschen stärker hervortritt, wenn der Mensch abmagert.

Wo die Muskeln sich voneinander trennen, mußt du Profile zeichnen, und wo sie sich vereinigen...

Welcher Körperteil setzt nie Fleisch an, wenn der Mensch dicker wird?

Oder welcher Körperteil wird beim Abmagern nie merklich kleiner?

Welcher Körperteil wird beim Dickwerden am dicksten? Und welcher wird beim Abmagern am magersten?

Welches sind die Muskeln, die bei sehr starken Männern am stärksten entwickelt sind?

In deiner Anatomie mußt du alle Gliedmaßen eines Menschen in allen Stadien von der Zeugung bis zum Tod und dann bis zum Tod des Gebeins darstellen; zeigen, welche Teile als erste verwesen und welche sich am längsten halten.

Ebenso verfahre mit extremer Fettleibigkeit und extremer Magerkeit.

Es gibt elf elementare Gewebearten: Knorpel, Knochen, Nerven, Venen, Arterien, Muskelbinde, Bänder und Sehnen, Haut, Muskeln und Fett.

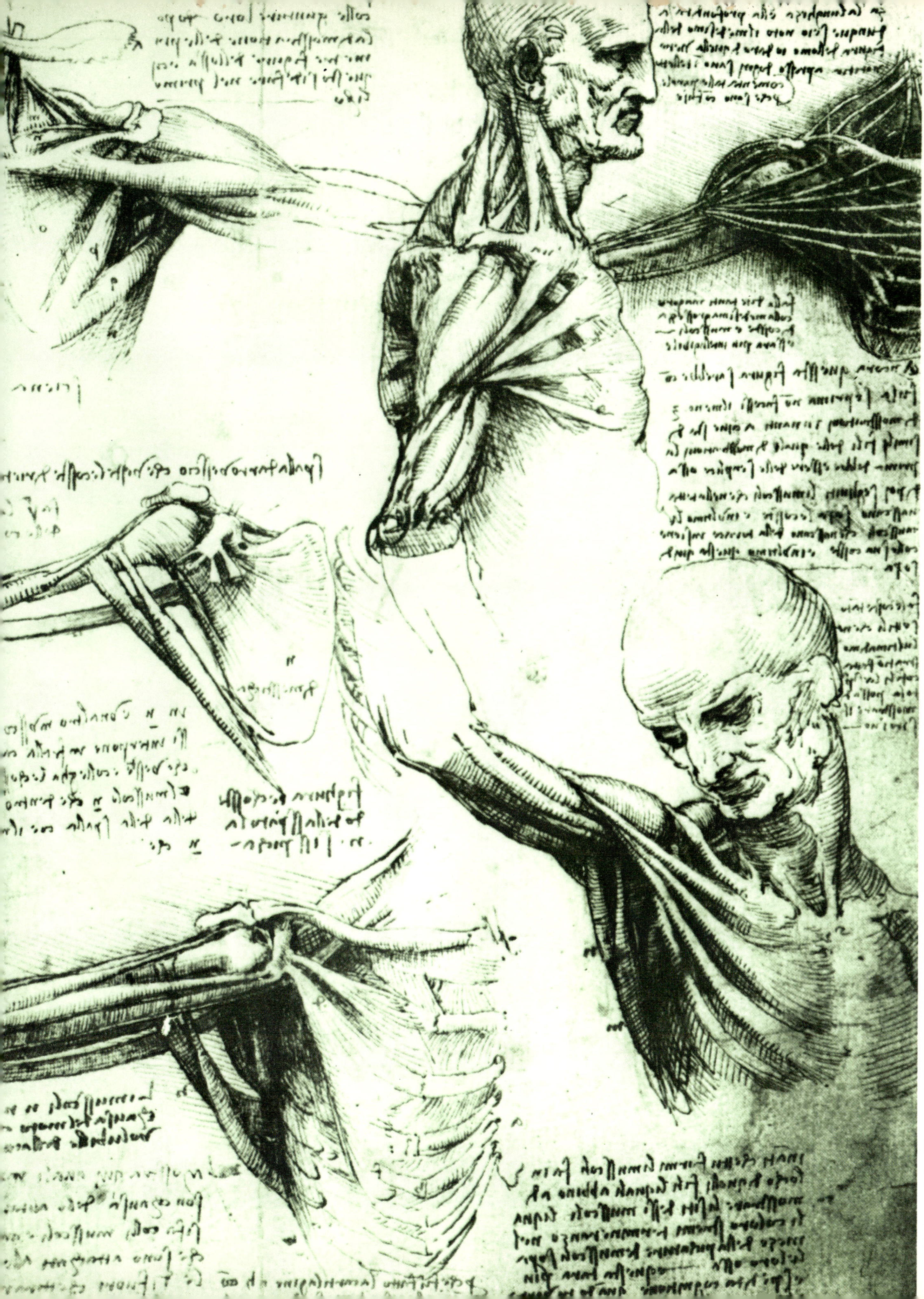

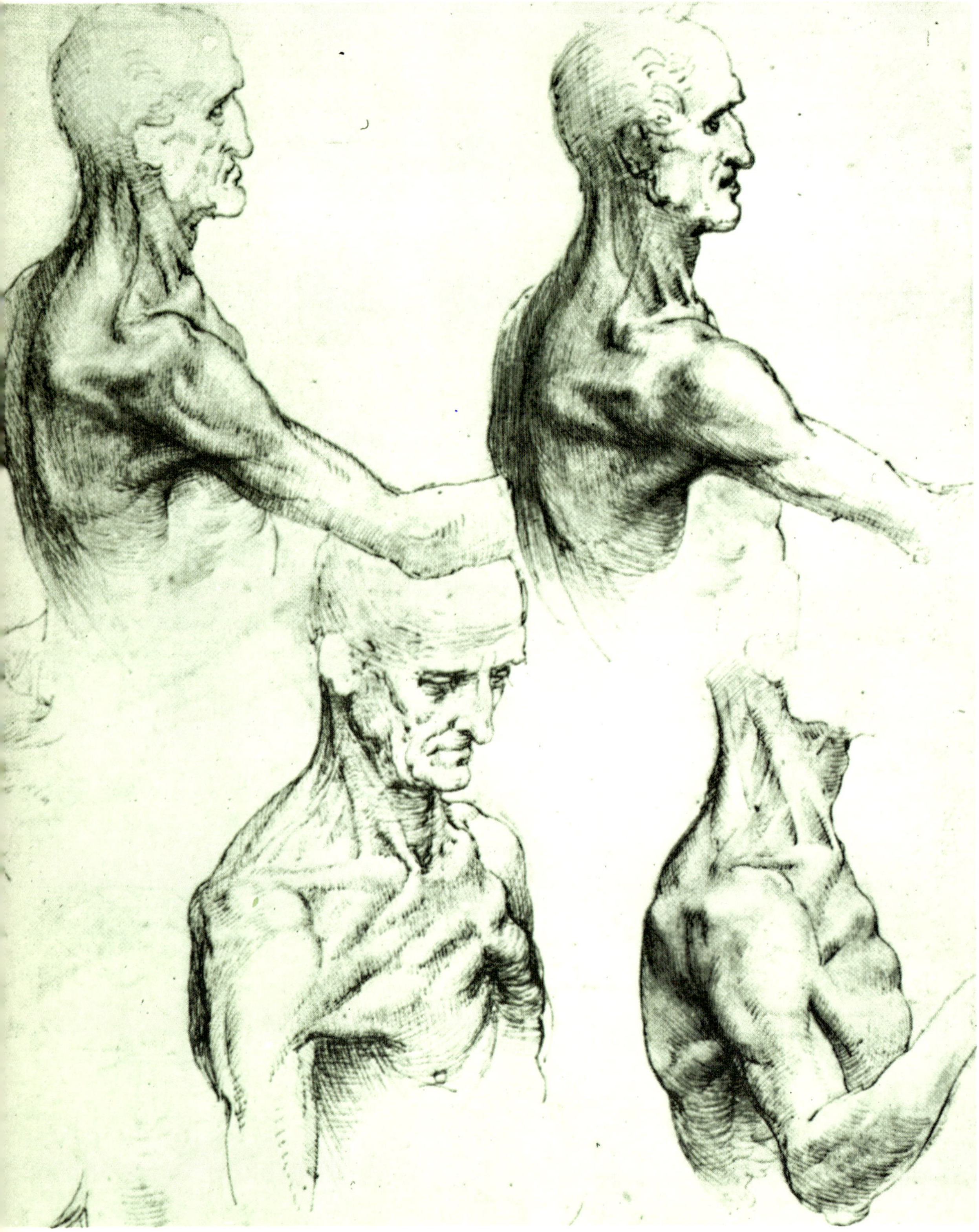

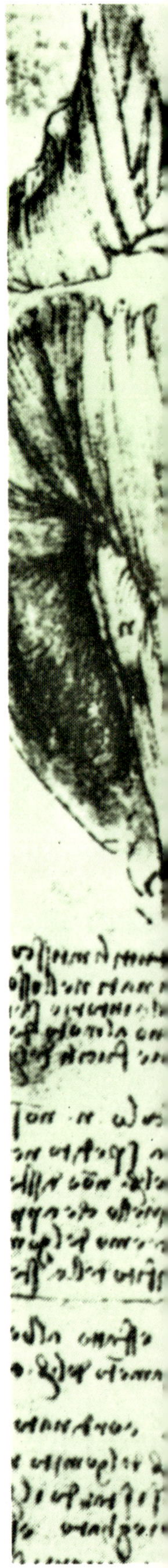

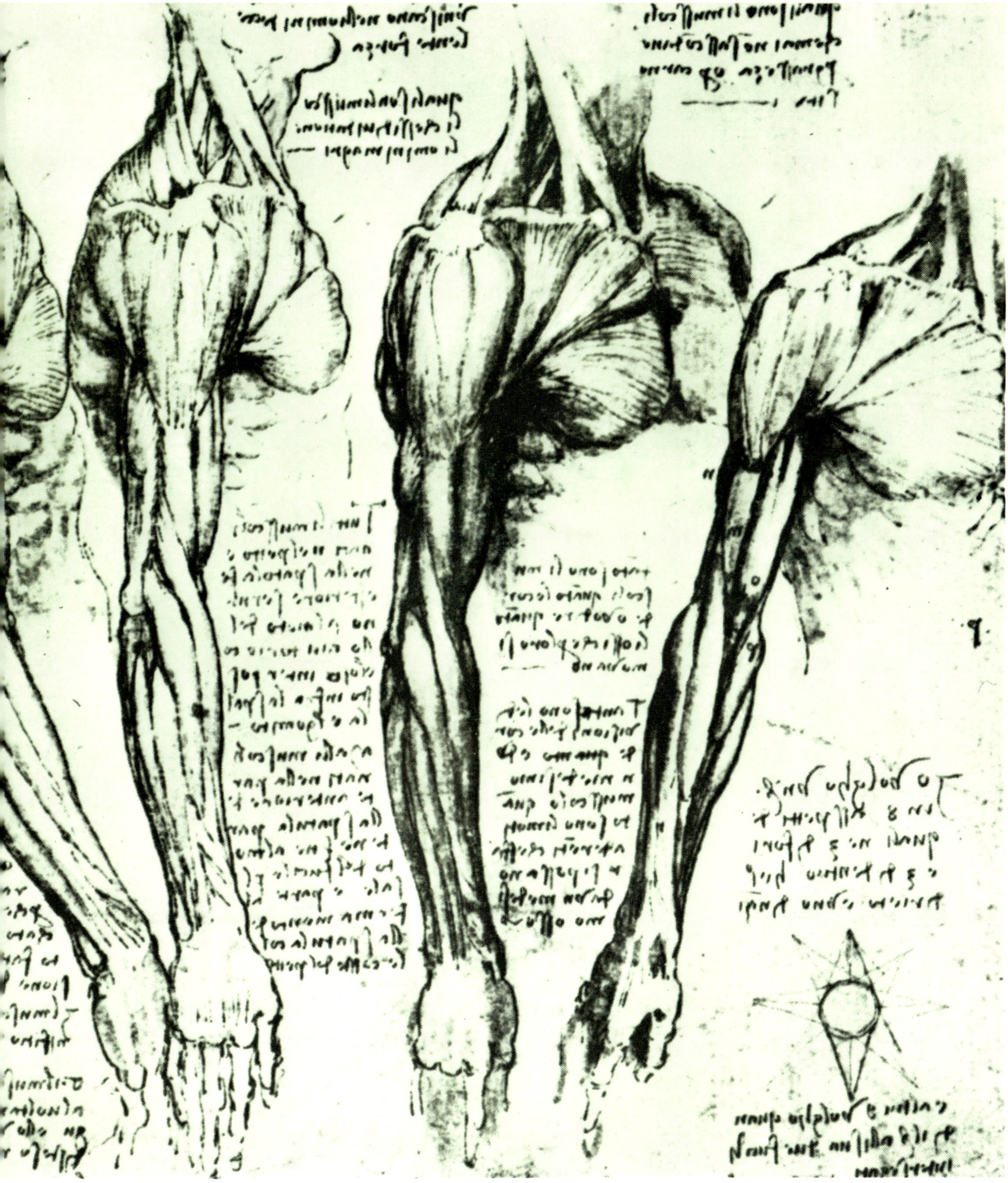

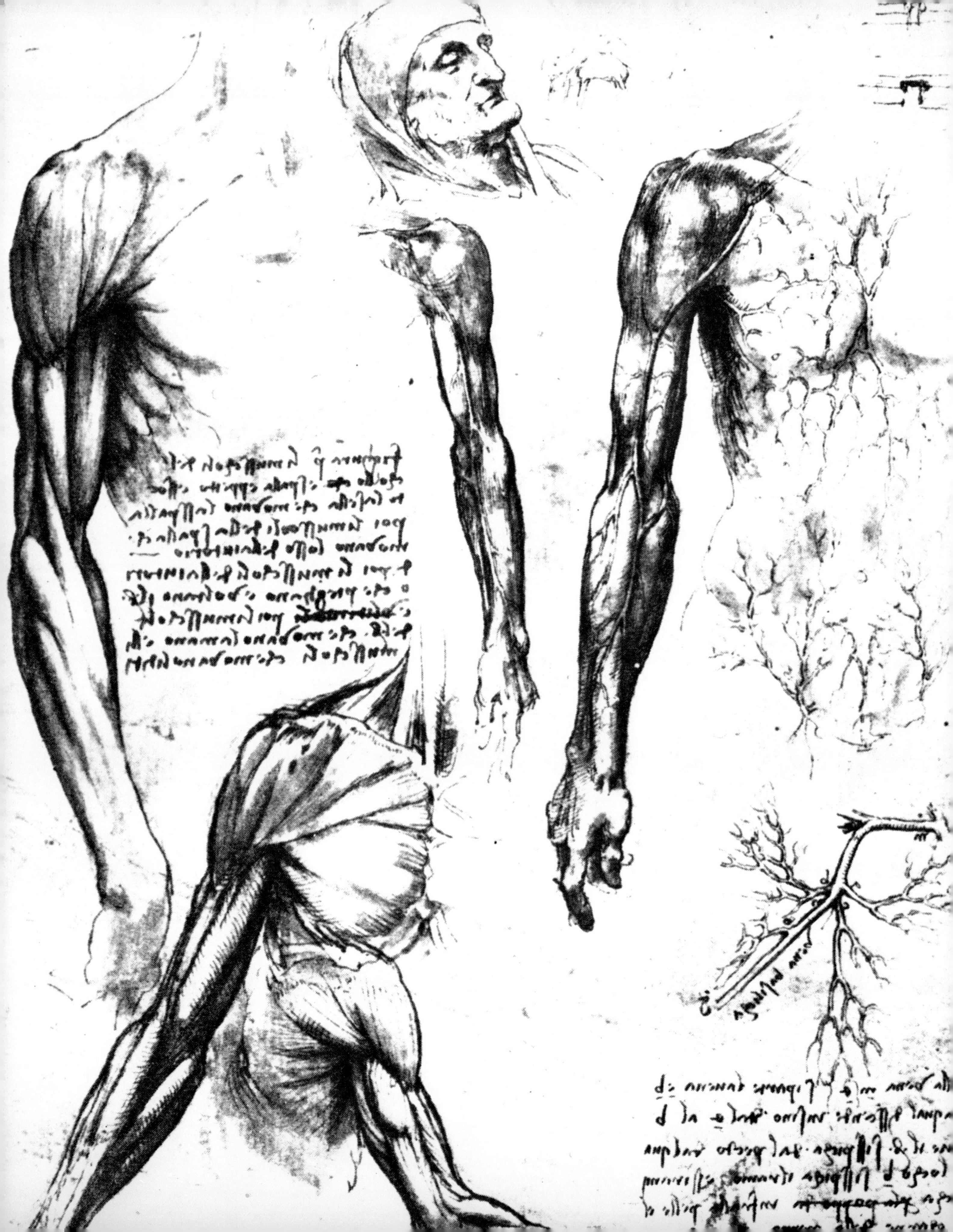

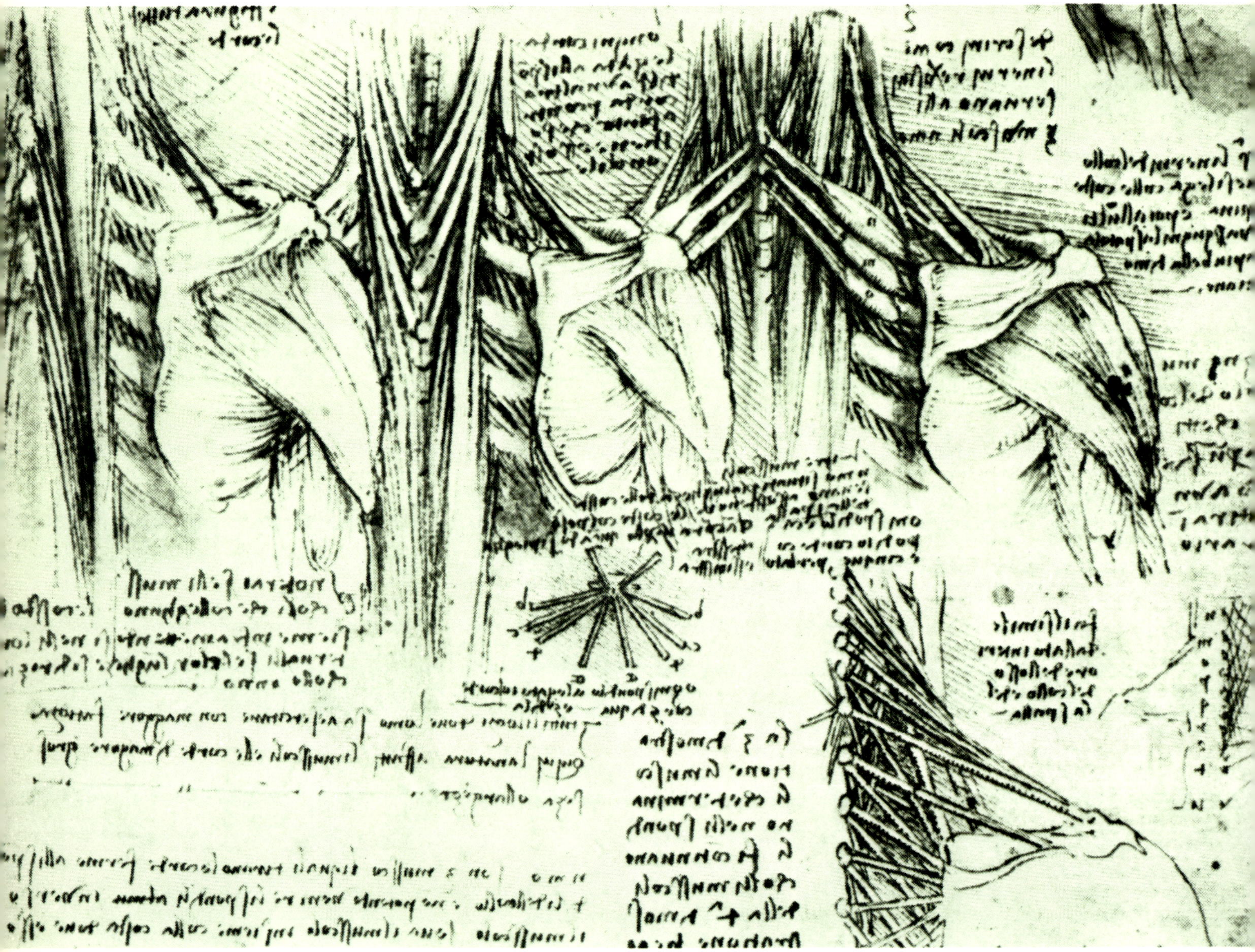

Nimm und notiere die Maße von jedem Muskel und führe die Gründe für alle ihre Funktionen an, beschreibe, wie sie funktionieren, was sie in Bewegung setzt usw.

Erst zeichne das Rückgrat; dann bedecke es nach und nach mit den einzelnen Muskeln und zeichne bei jedem Muskel die Nerven, Arterien und Venen ein; notiere daneben, mit welchem Wirbel sie verbunden sind; welche Eingeweide mit ihnen in Berührung kommen, welche Knochen und andere Organe usw.

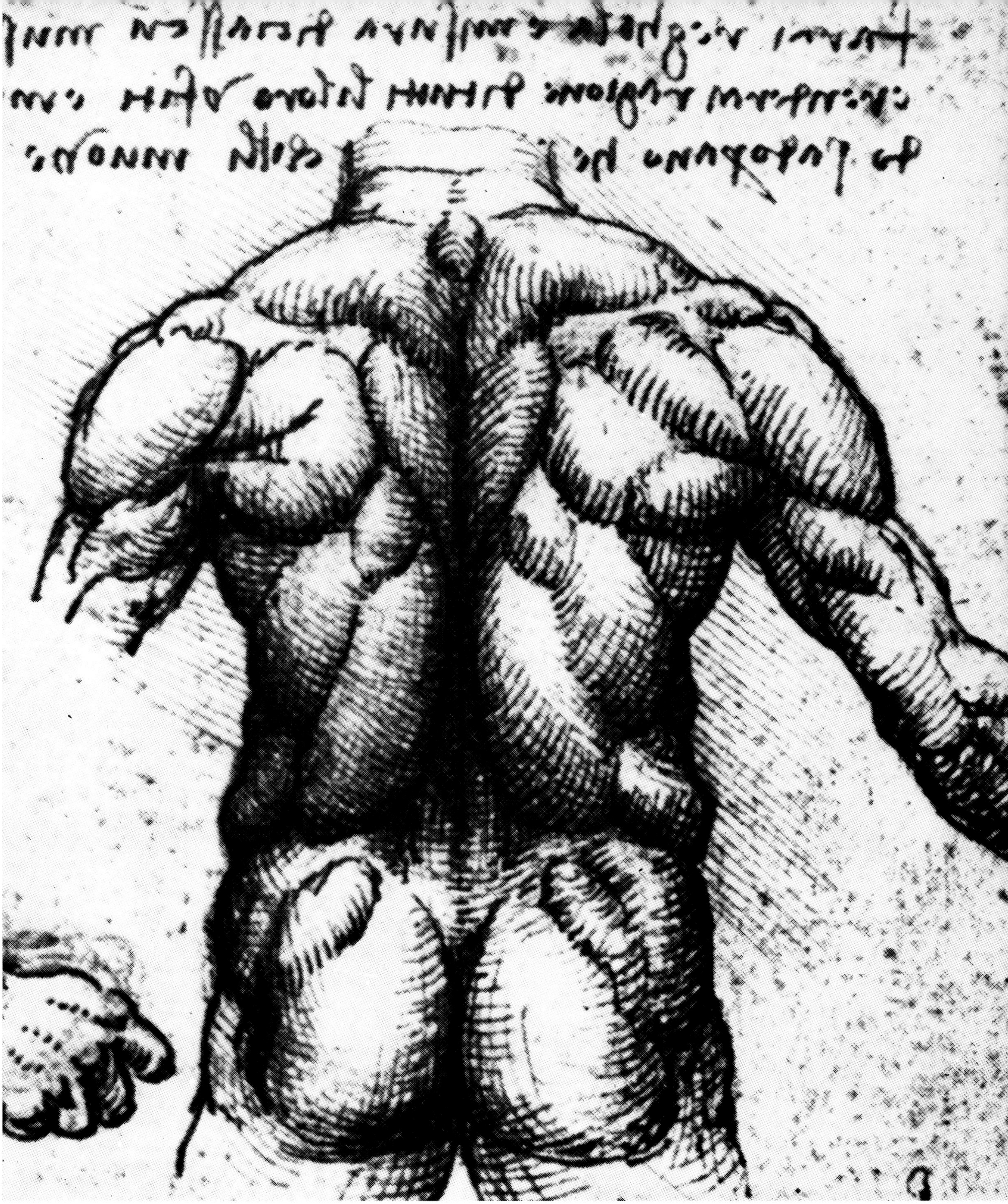

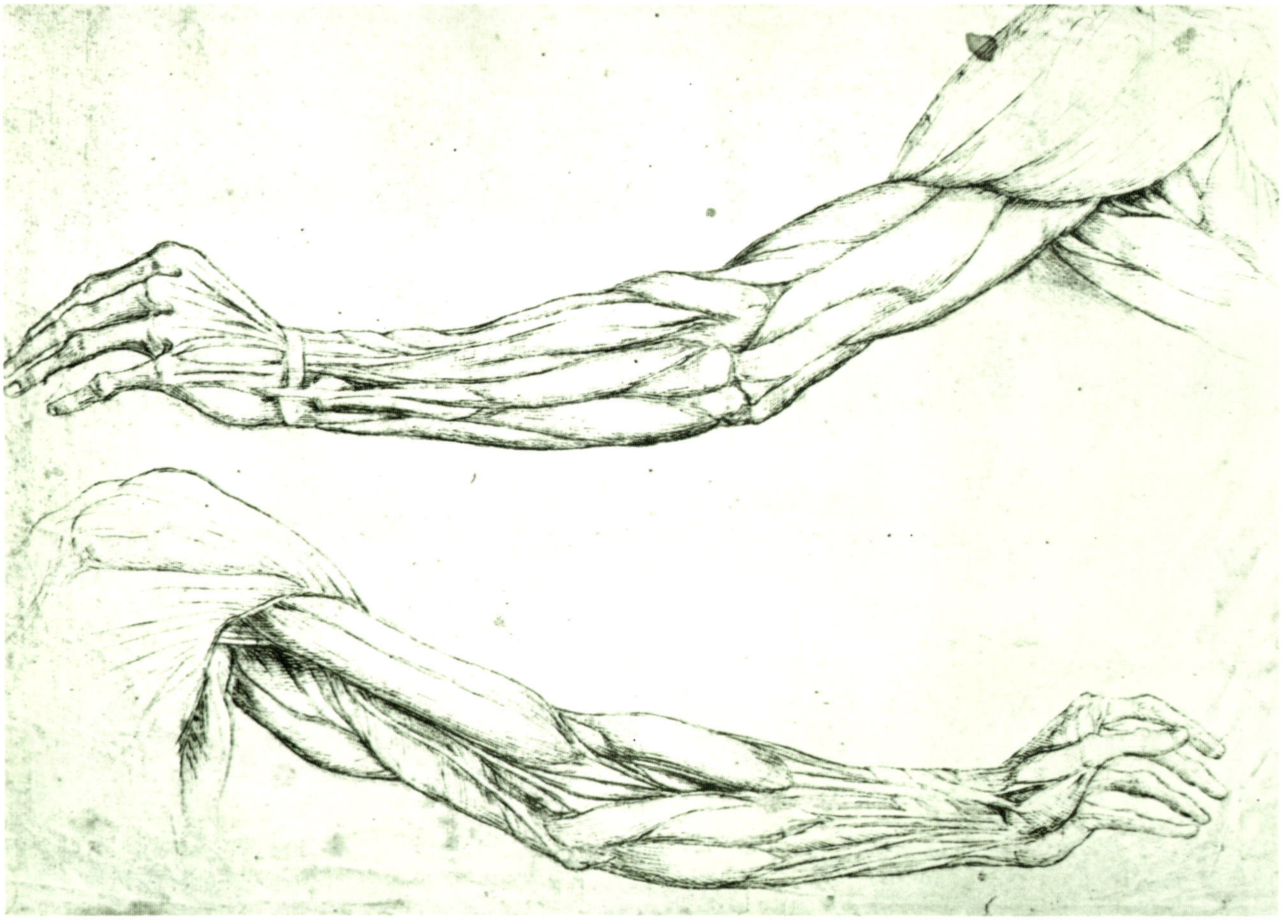

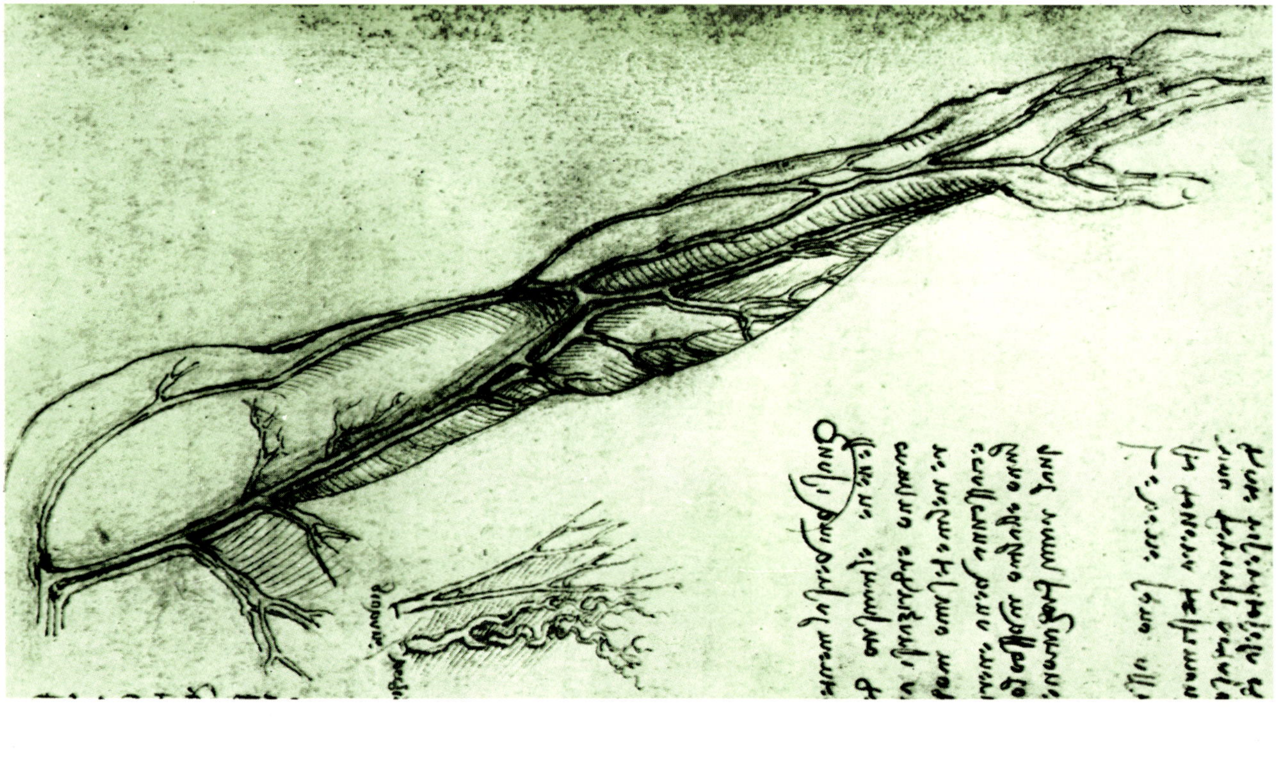

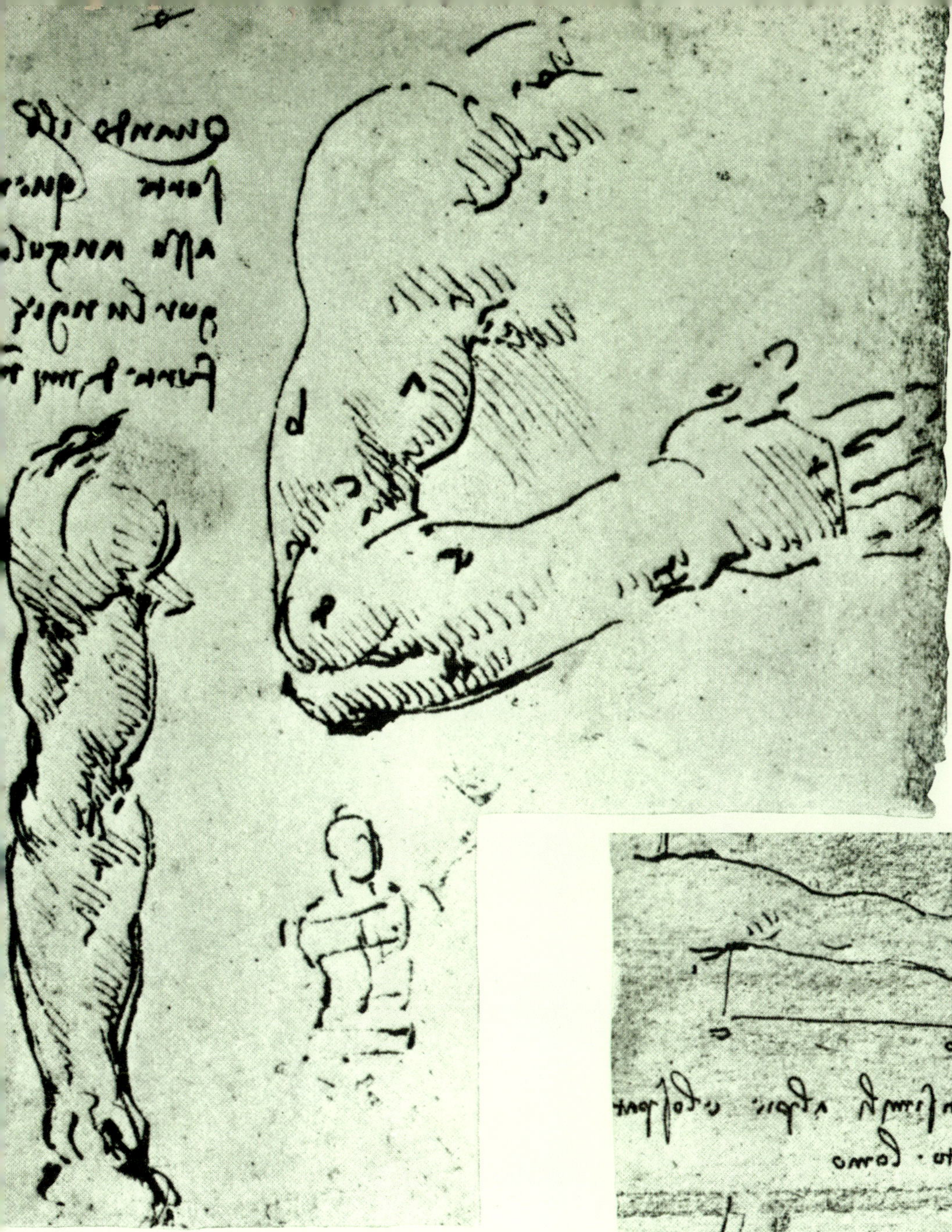

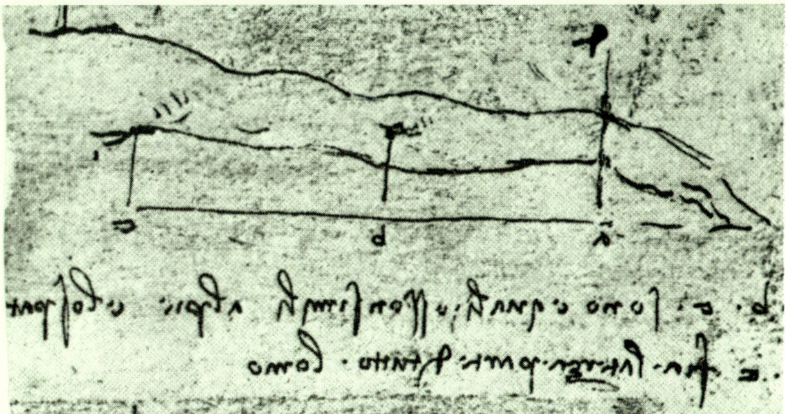

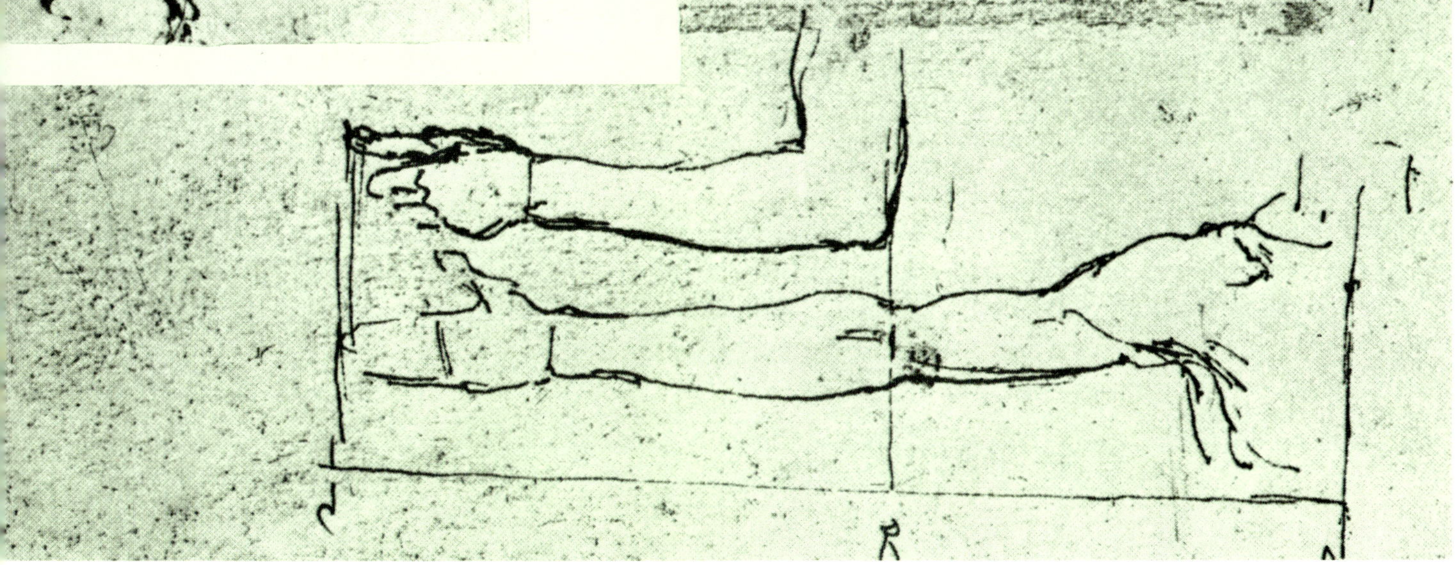

Welche Nerven und Sehnen der Hand bewirken das Schließen der Finger und ihre seitliche Bewegung?

Entferne beim Sezieren schrittweise alle Teile auf der Vorderseite eines Menschen, bis du auf die Knochen stößt. Beschreibung der Teile des Oberkörpers und ihrer Bewegungen.

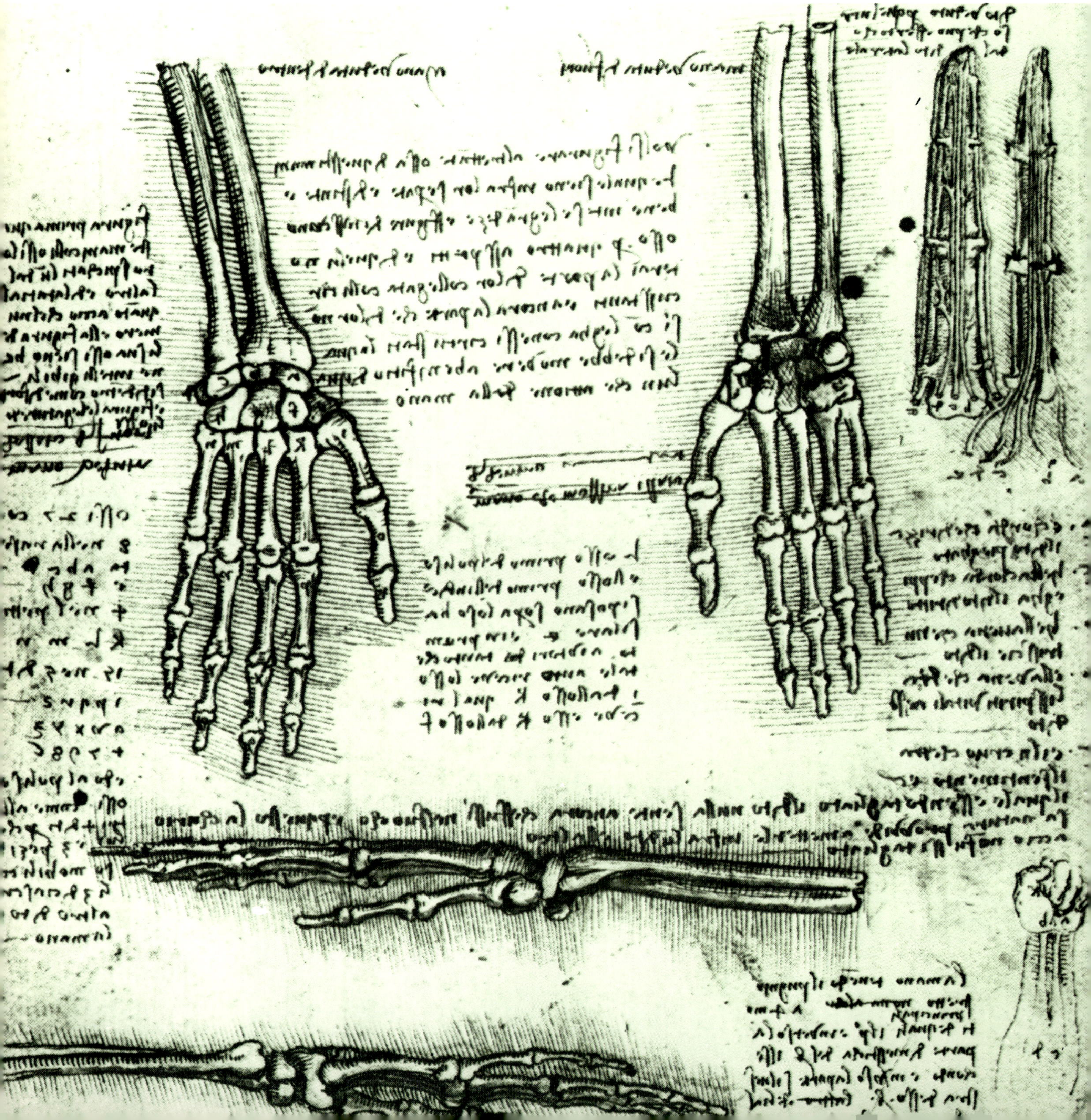

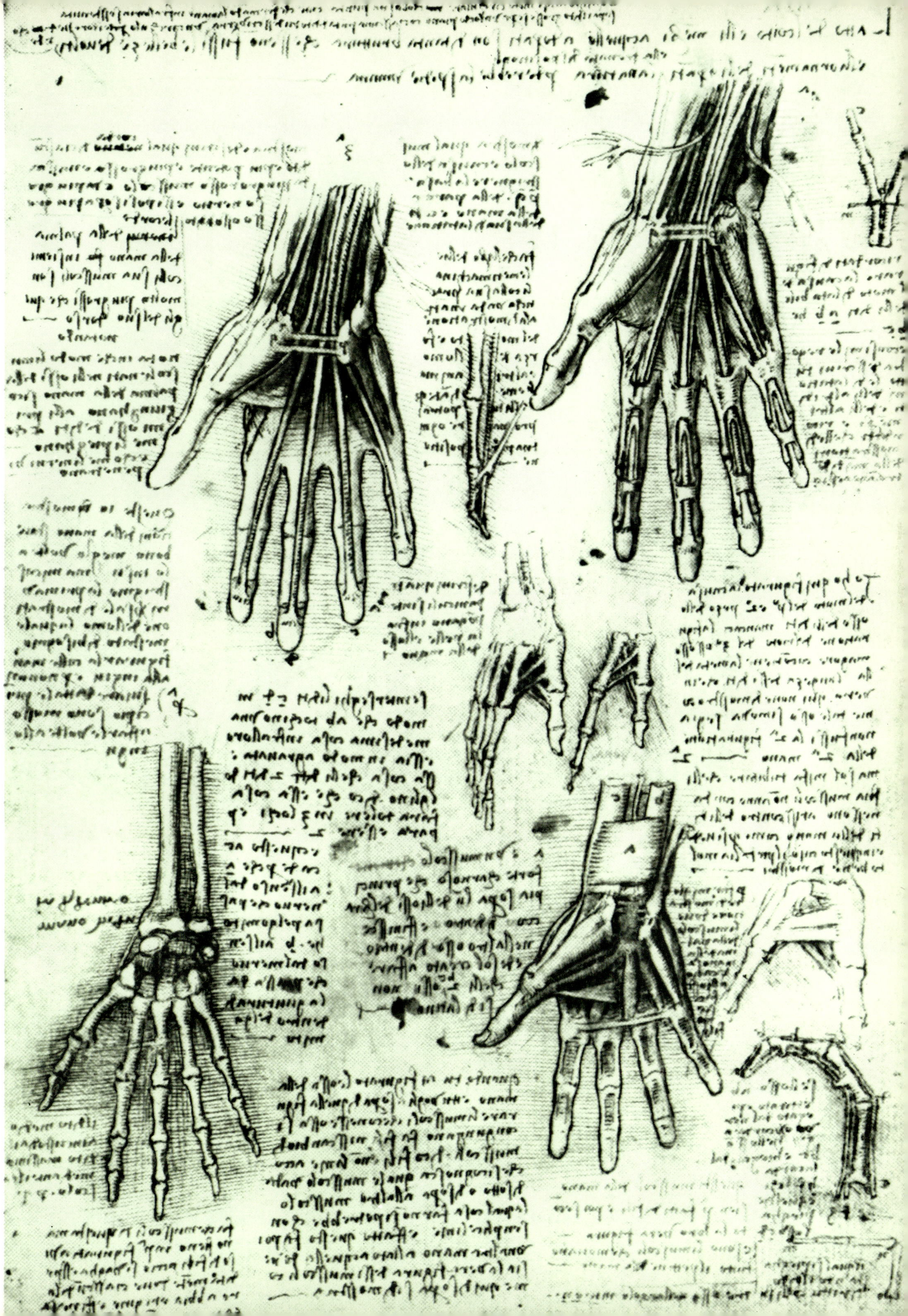

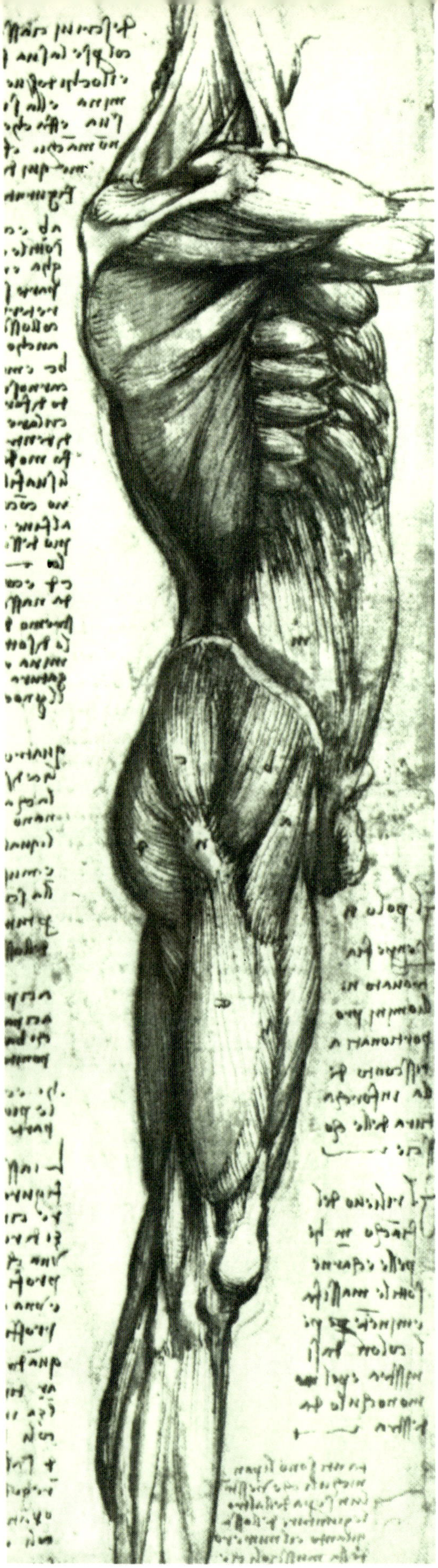

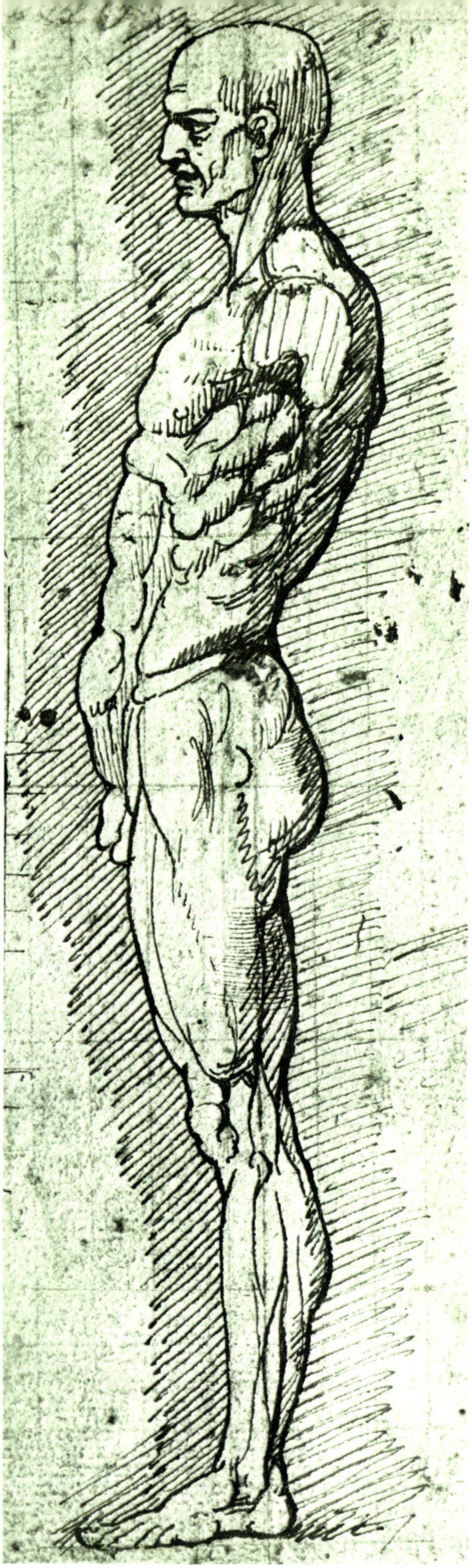

Unten: Rückenmark und Nerven.

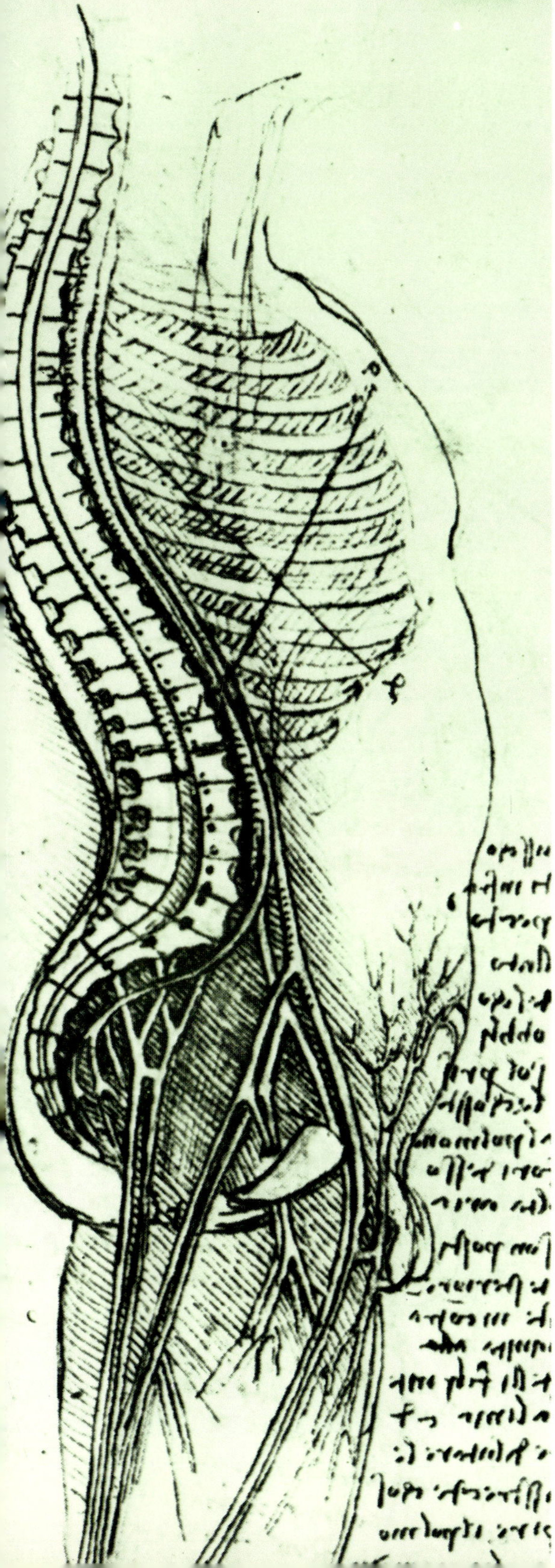

5. *Herz und Gefäße*

Das ist ein ansehnliches Kapitel (mehr als fünfzig Blätter!). Hier hat Leonardo zwischen seinen ersten und seinen letzten Zeichnungen die größten Fortschritte gemacht.

Ausgehend von einem rudimentären Herzen mit zwei Kammern, gelangt er schließlich zu vier Herzkammern, die er erstaunlich richtig und sehr detailliert wiedergibt. Offenbar ist der Künstler von der Funktionsweise des Herzens fasziniert: einerseits sieht er darin eine einfache mechanische Pumpe, andererseits eine Analogie zu Ebbe und Flut.

Als erster erkennt er die neurologische Automatik der Herzmuskelkontraktion, bewirkt durch den linken Pneumogastricus, den ,,Herznerv''. Als erster studiert er im Detail die Herzklappen, zeichnet sie unermüdlich immer wieder aufs neue und beschreibt sie dann als vollkommene Ventile. Außerdem entdeckt, studiert und zeichnet er Fasern, Stützen und andere anatomische Eigenheiten der Herzkammern und erklärt die Entstehung der ,,Lebenswärme'' aus der Reibung des Blutes an den Unebenheiten des Gewebes. Als erster vermutet er Herzklappenfehler als Krankheitsursache. Er stellt sogar Abgüsse und Modelle von der Aorta und den Herzkammern samt Ventilen her und erläutert ihre Arbeitsweise. Er geht so weit, in den Herzmuskel ein feines Stilett einzusetzen, um so die von den Kontraktionen der Bauchmuskeln übertragenen Bewegungen registrieren zu können. Aber während er irrigerweise glaubt, daß es zwischen den Herzkammern ,,Poren'' gebe, erkennt er nicht die Schutzfunktion des Herzbeutels.

Die großen Blutgefäße sind zum Teil imaginär oder falsch beschrieben – bis auf die Vertebralarterie, die seltsamerweise richtig ist. Übrigens scheint Leonardo manchmal Arterien und Venen zu verwechseln; alle gehen vom Herzen aus, und er glaubt, daß das Blut in ihnen einmal zum und einmal vom Herzen fließe.

Leonardo erkennt ganz genau die Herzkranzgefäße. Und nachdem er in Florenz den Leichnam eines plötzlich verstorbenen Hundertjährigen seziert hat, beschreibt er mit genialer Klarsicht als erster eine atheromatose Verletzung und akute Arterienverstopfung: damit schafft er die Grundlage für die anatomische Pathologie. Ein weiter Weg von der damals üblichen Medizin der ,,Körpersäfte''.

Außerdem hat Leonardo nicht nur den Blutkreislauf in den großen Adern, sondern auch als erster den Kreislauf in den Kapillaren entdeckt und deren Bedeutung hervorgehoben.

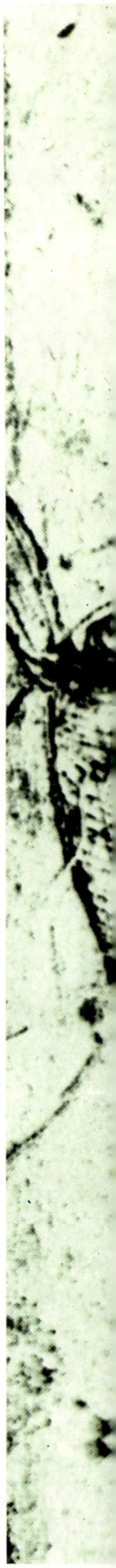

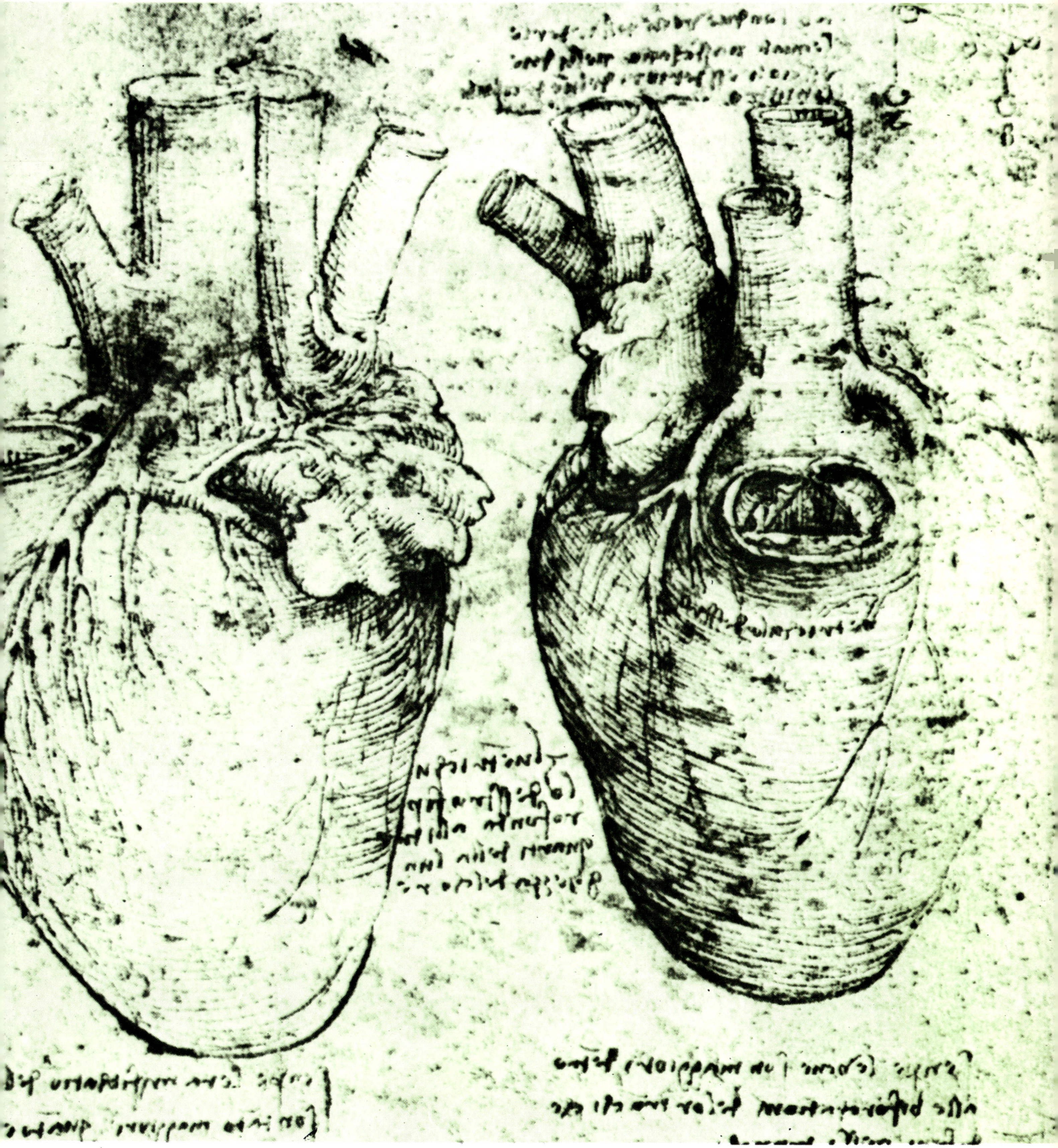

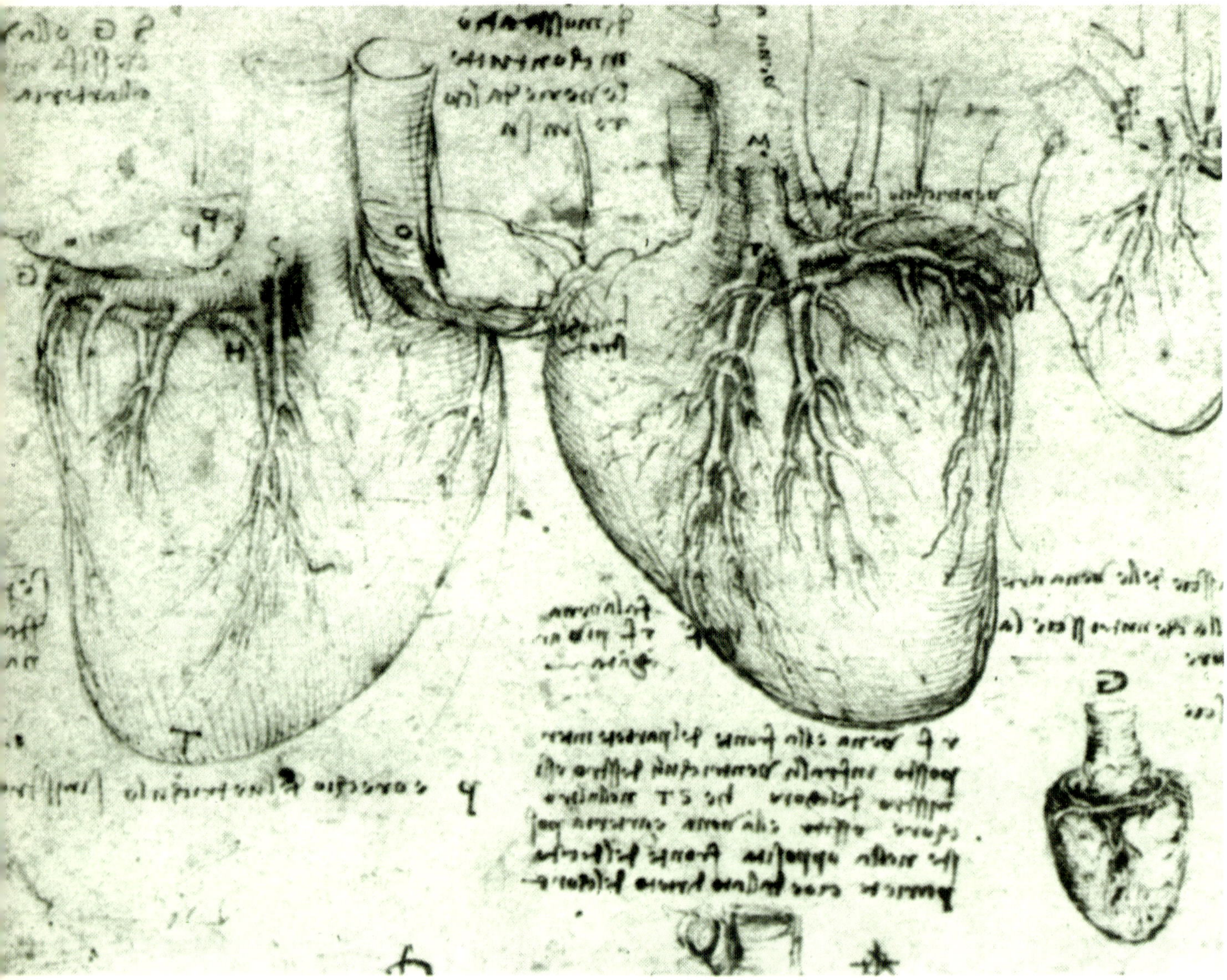

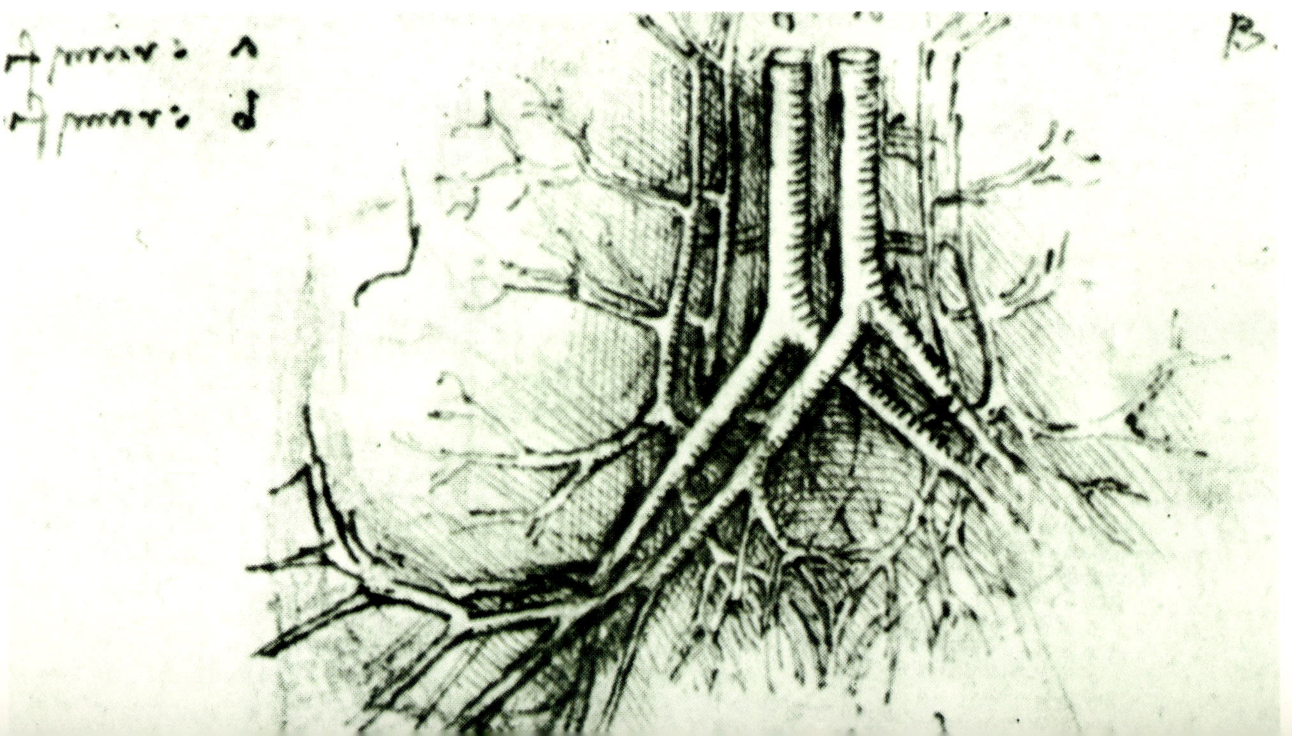
B.

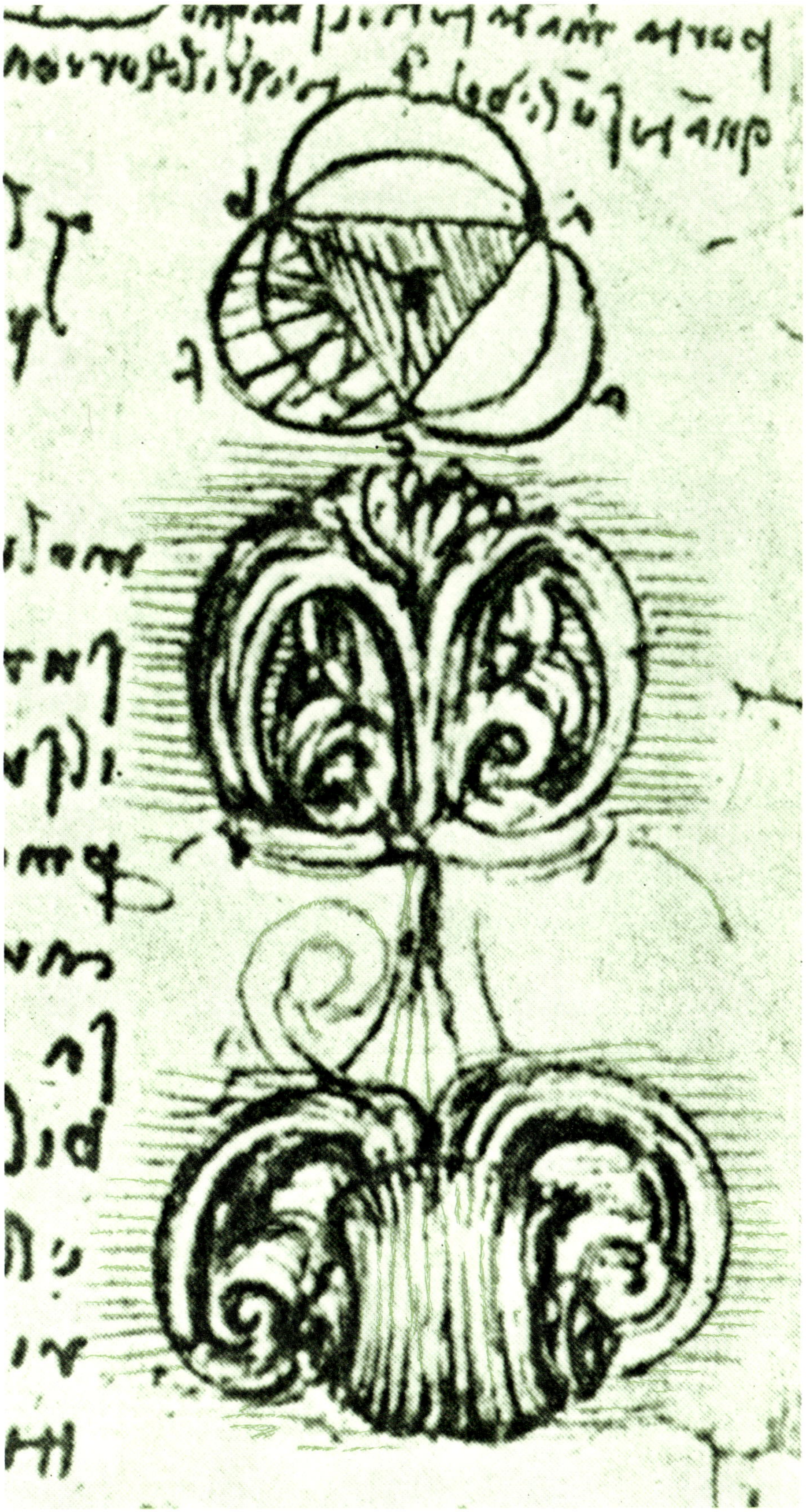

Unten links: Endstücke der Aorta. Rechts: Klappen der Aorta.

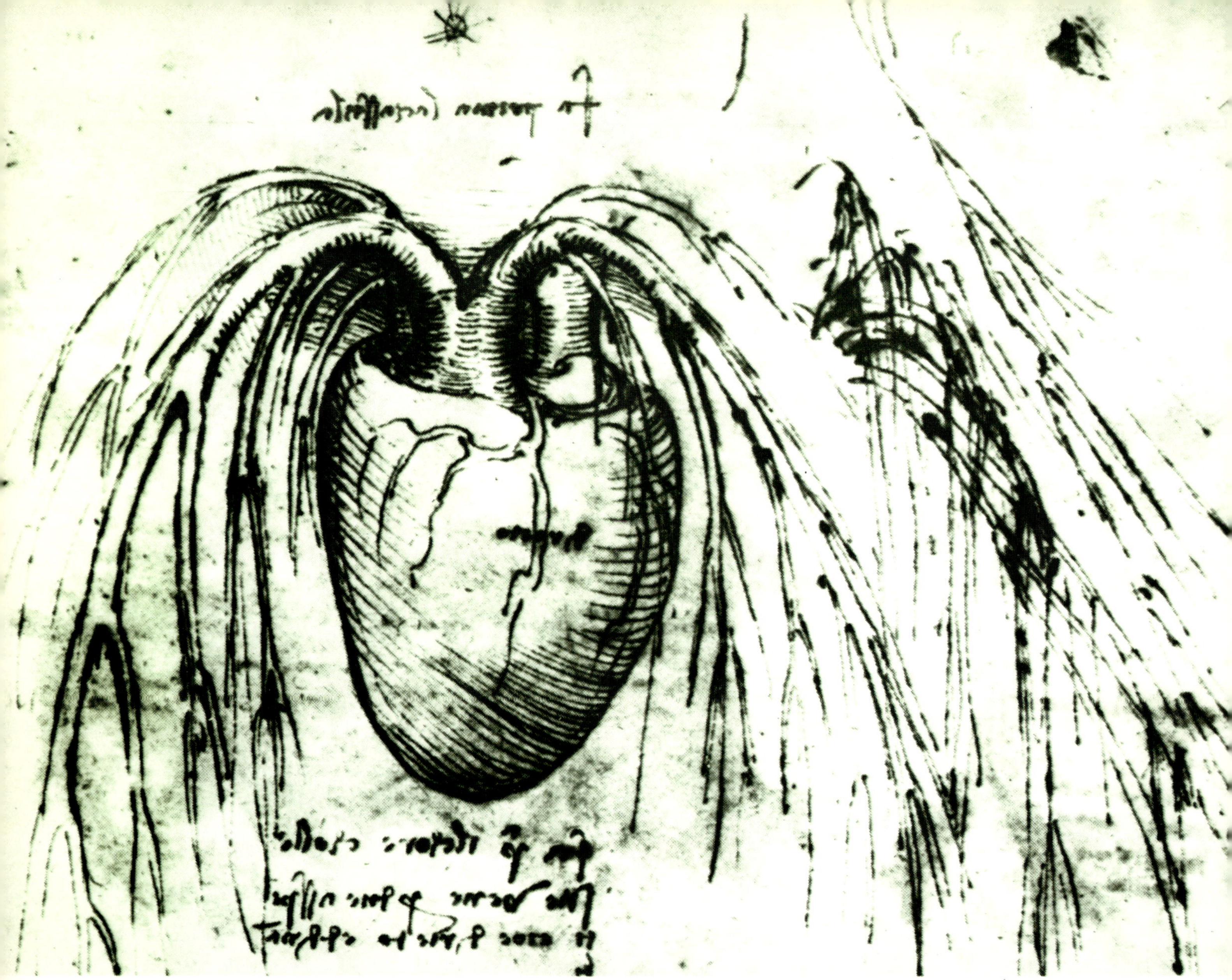

Die Ursachen des Atmens, die Ursache des Herzschlags, die Ursache des Erbrechens, die Ursache der Weiterbeförderung der Nahrung vom Magen und die Ursache der Darmentleerung.

Die Ursache der Bewegung überflüssiger Stoffe durch den Darm.

Die Ursache des Schluckens, die Ursache des Hustens, die Ursache des Gähnens, die Ursache des Niesens, die Ursache des Einschlafens von Gliedmaßen.

Die Ursache des Gefühlloswerdens eines Gliedes.

Die Ursache des Kitzelns.

Die Ursache des Begehrens und andere körperliche Begierden, die Ursache des Urinierens und aller natürlichen Körperausscheidungen.

Tränen kommen vom Herzen und nicht vom Gehirn.

Bestimme alle Teile, aus denen der Körper besteht, angefangen von der Haut mit ihrer äußersten Schicht, die unter der Einwirkung der Sonne oft aufspringt.

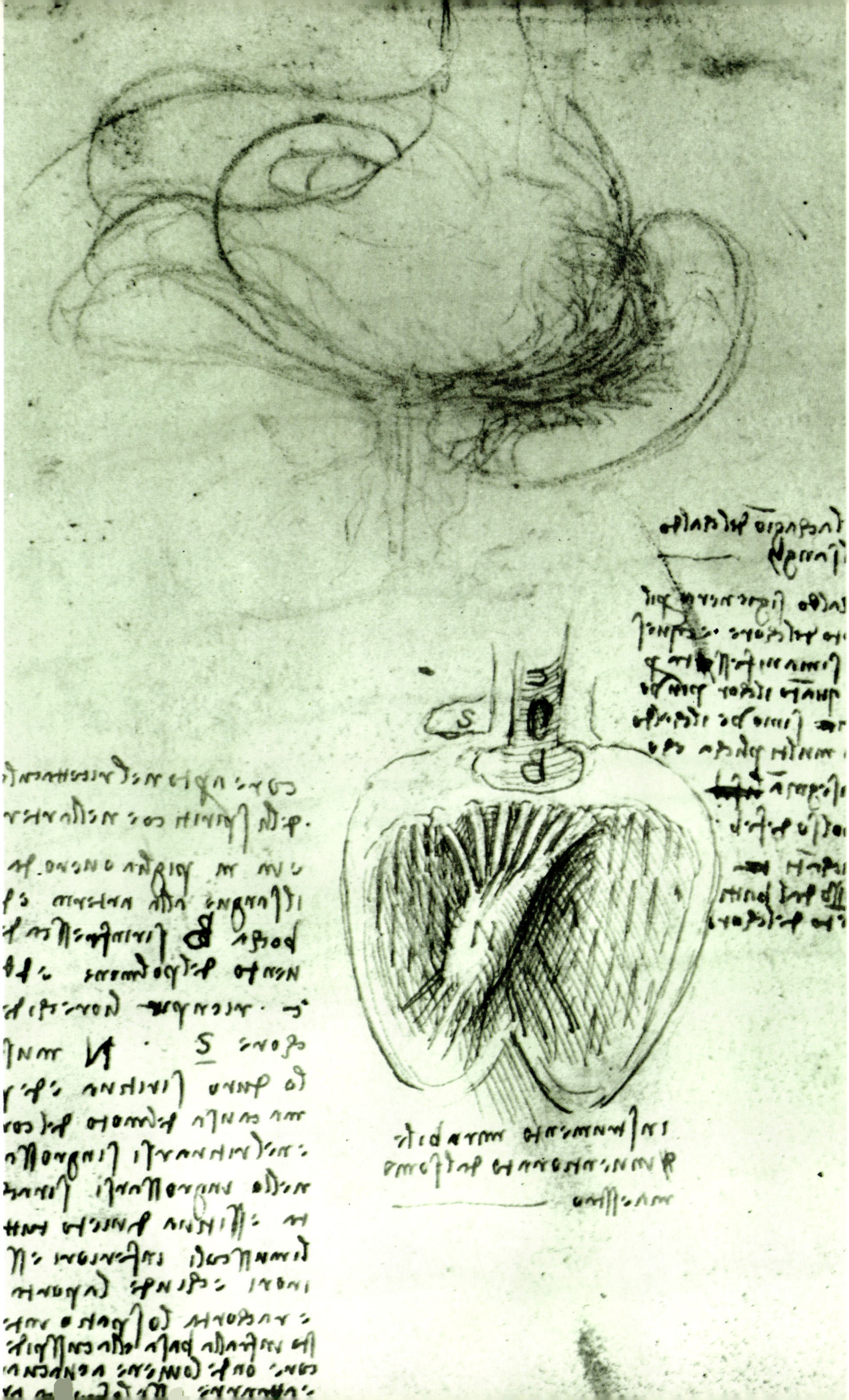

[illegible]

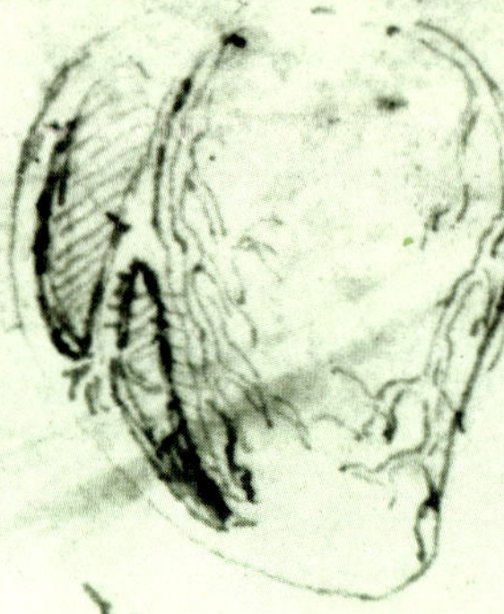

[illegible]

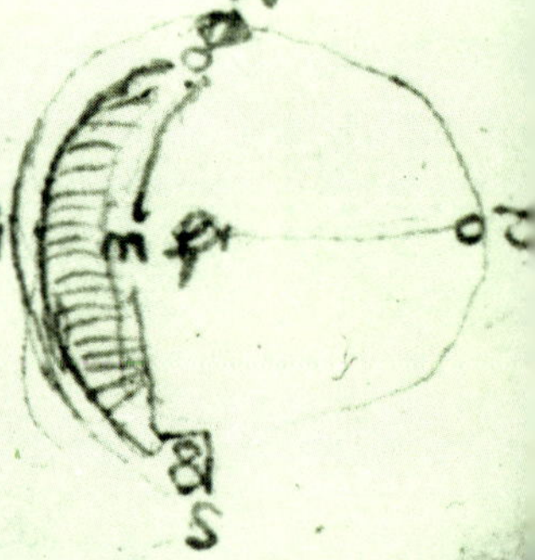

[illegible]

[illegible] A

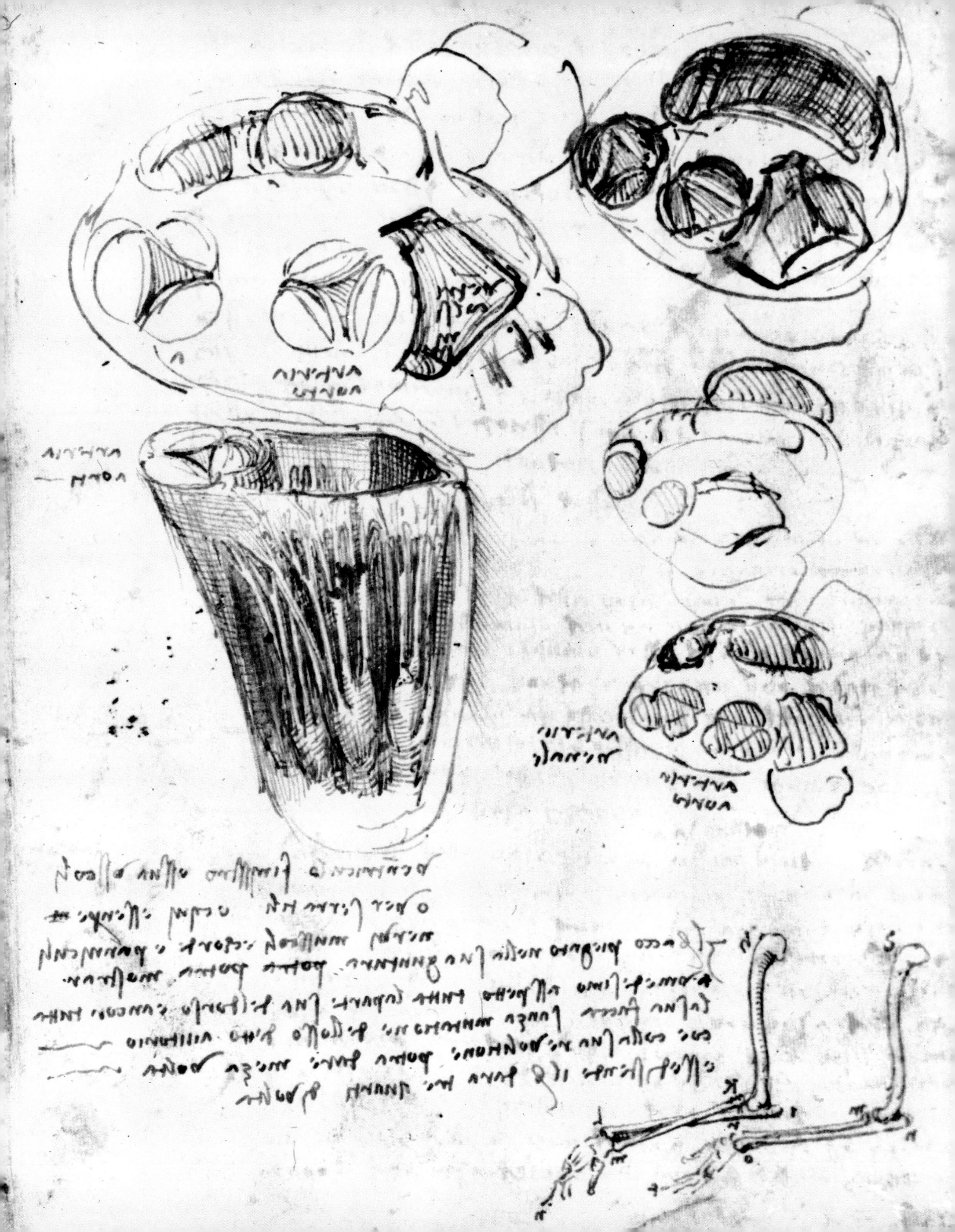
arteria aorta
arteria aorta
arteria venale
arteria aorta

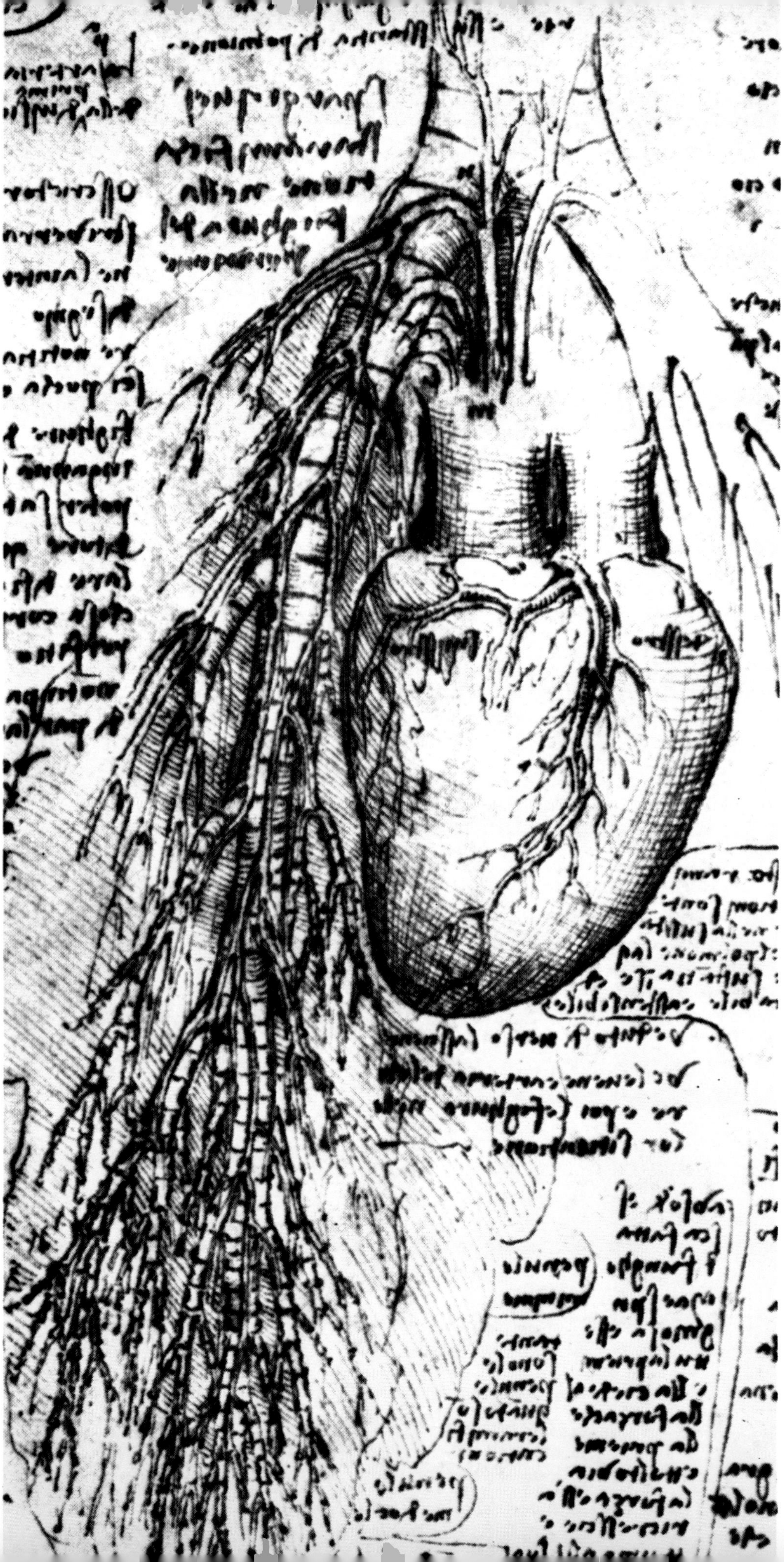

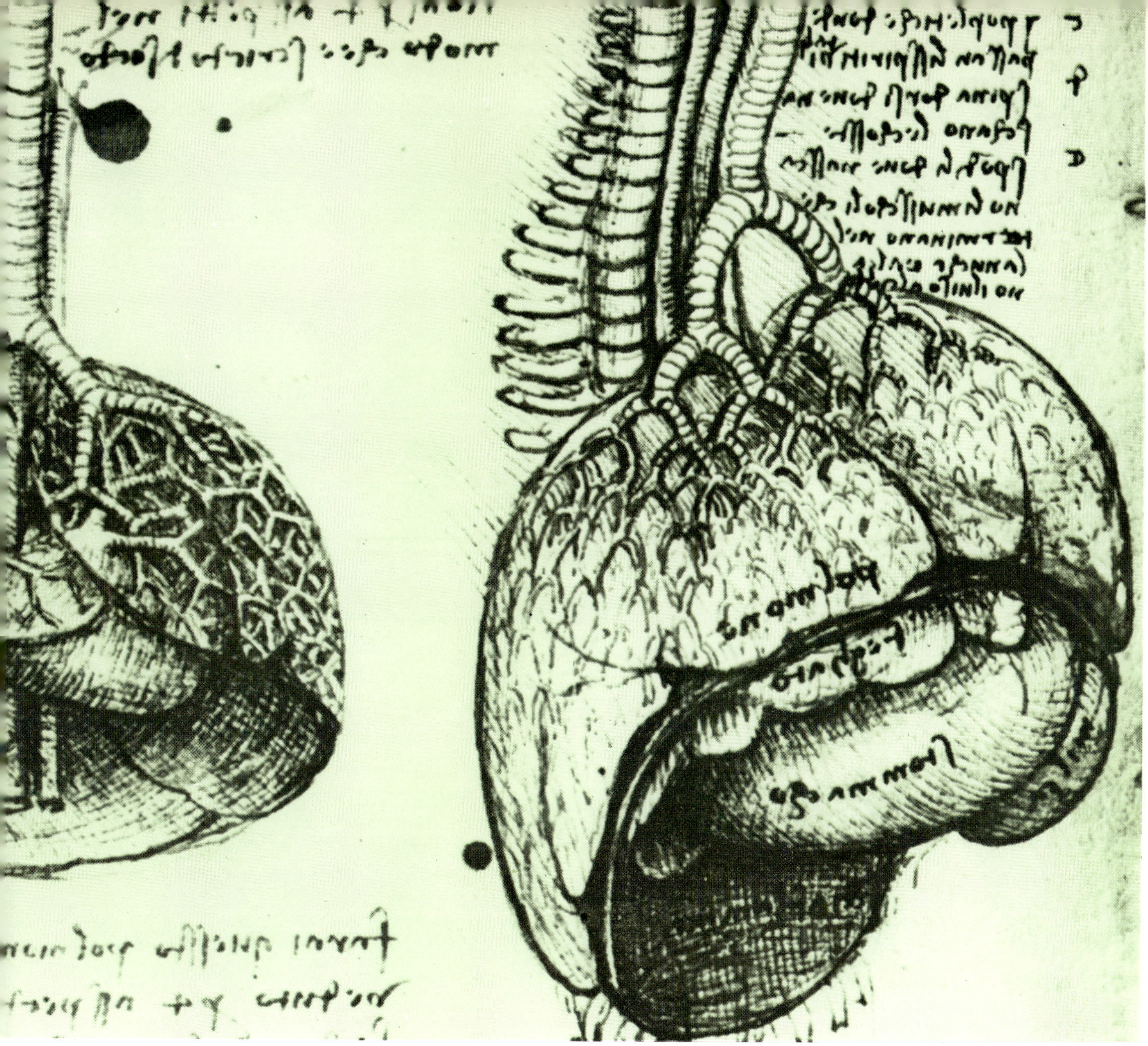

Links: Kanäle der rechten Bronchie. Oben: Lungen eines Schweins.

6. Lungen

Auch hier betritt Leonardo Neuland. Er stellt die Lungen anschaulich dar; und nachdem er zuerst geglaubt hat, die Atemluft gehe durch das Brustfell, entdeckt er schließlich das Prinzip des „pleuralen Vakuums".

Vor allem sieht er die Veränderung des Bronchiendurchmessers während der Atmung, erfaßt das Vorhandensein von Restluft und liefert die Elemente zur ersten spirometrischen Studie. Schließlich isoliert er als erster die Bronchien– von den Lungengefäßen – und scheint die Rolle der Lungenbläschenmembran beim Gasaustausch, der blaues in oxydiertes rotes Blut verwandelt, zu ahnen. Es soll noch dreihundertfünfzig Jahre dauern, bis Harvey einen Schritt weiter geht und ein für alle Mal den großen und den kleinen Blutkreislauf beschreibt, so wie wir ihn heute kennen.

Zu diesen mechano-physiologischen Einsichten gelangte Leonardo, außer durch Sezierungen, mit Hilfe von vielen Abgüssen und Aufblasungen von Schweinslungen.

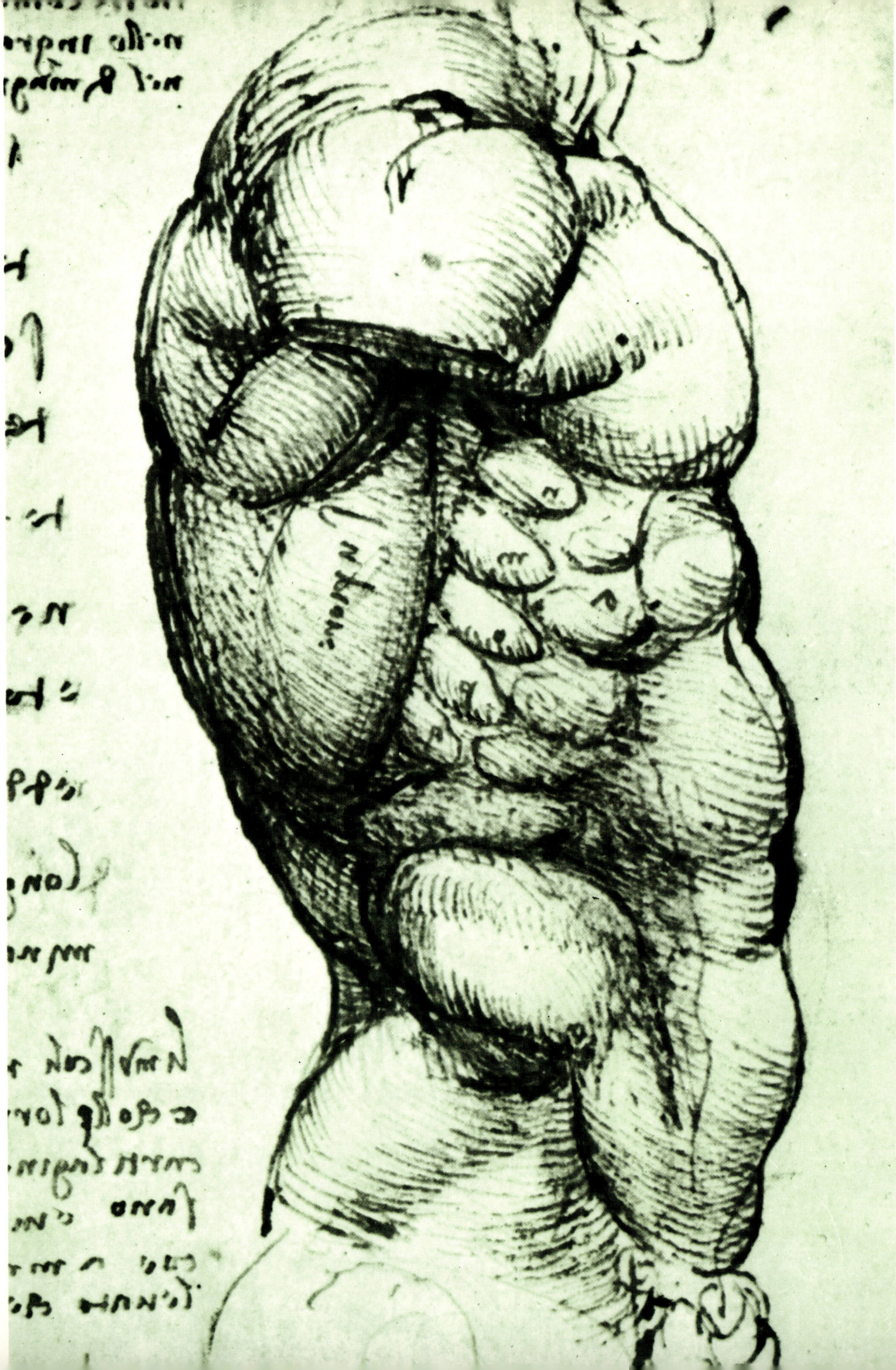

Auf den folgenden Seiten: Eingeweide und Venen des Unterleibs.

7. Abdomen

Auf diesen Blättern findet man wieder die gleichen Merkmale: sehr gute schematische Darstellungen der Eingeweide, sehr richtige Angabe der großen Hauptschlagadern, aber Ungenauigkeit und Verwirrung bezüglich der Venen und Nerven. Und immer wieder imaginäre „Kanäle", die den philosophischen Vorstellungen der Zeit entsprechen: Markkanäle, die die „Lebenskraft" vom Herzen zum Gehirn leiten; Gallenkanäle von der Milz zur Leber; bei der Frau ein Kanal vom Uterus zur Brust, durch den das Menstrualblut fließe, das sich im Laufe der Schwangerschaft in Milch verwandle; beim Mann ein Kanal von der Leber zu den Hoden, der Nahrungsüberschüsse leite, welche in Sperma umgewandelt würden!

Daraus ergibt sich unserer Meinung nach ein grundlegendes Problem: Leonardo konnte bei all seiner Gewissenhaftigkeit und Genauigkeit diese Kanäle nicht feststellen oder isolieren. Da er von ihrer Existenz a priori überzeugt war, glaubte er wohl, daß er sie einfach nicht zu sehen vermochte; und entgegen seinem Grundsatz der objektiven Beobachtung hat er sie eingezeichnet, weil er nicht glauben konnte, daß es sie nicht gibt!

Das sind also irrtümliche Zusätze zur objektiven Realität, aus einem vorgefaßten Postulat entstanden. Hier – und nur hier – hat der Künstler die exakte objektive Beobachtung seiner unerschütterlichen Überzeugung von der Zweckbestimmtheit des menschlichen Mikrokosmos im Determinismus des Universums untergeordnet und sich vom Aberglauben seiner Zeit irreführen lassen.

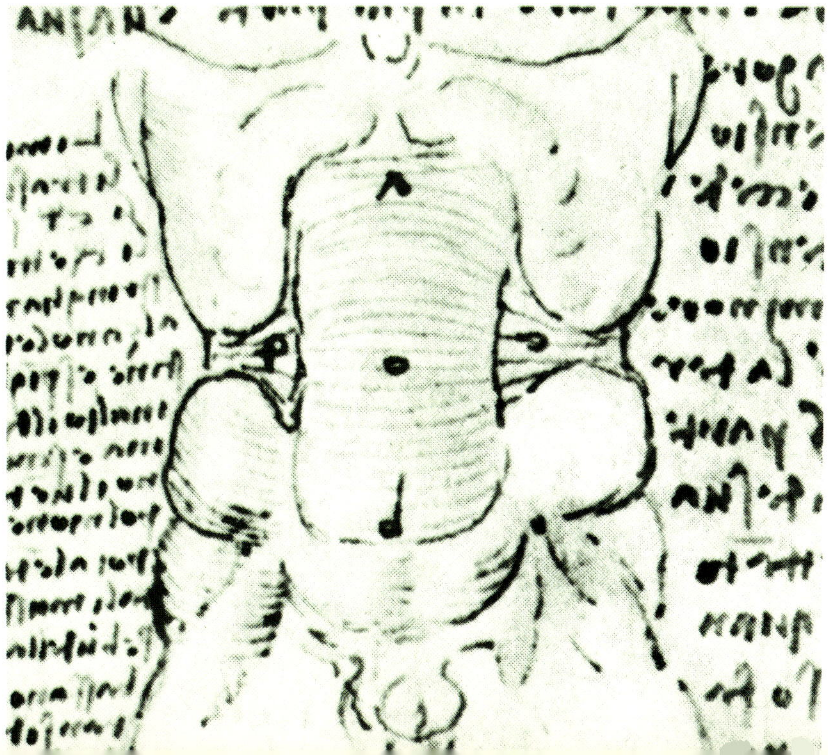

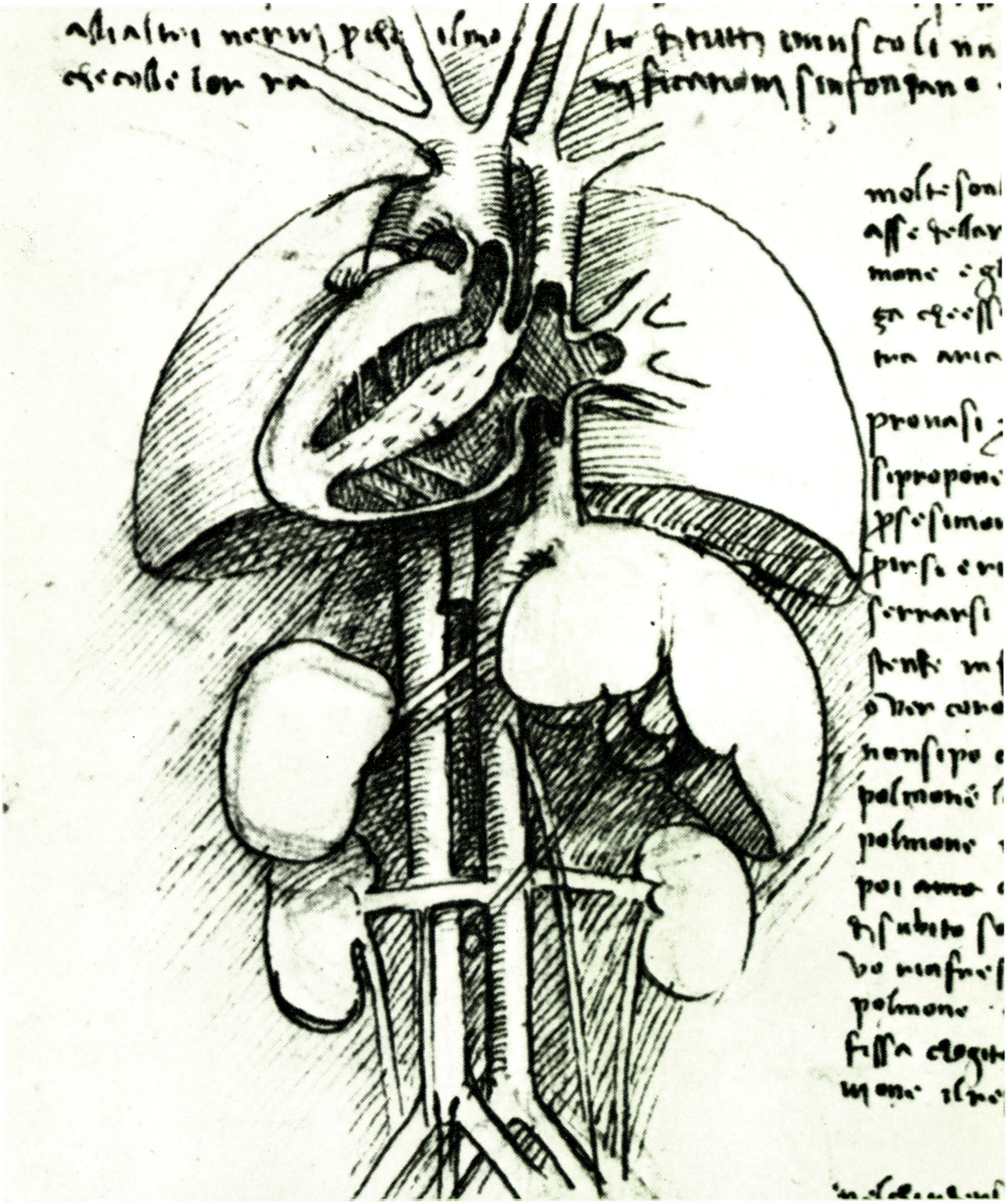

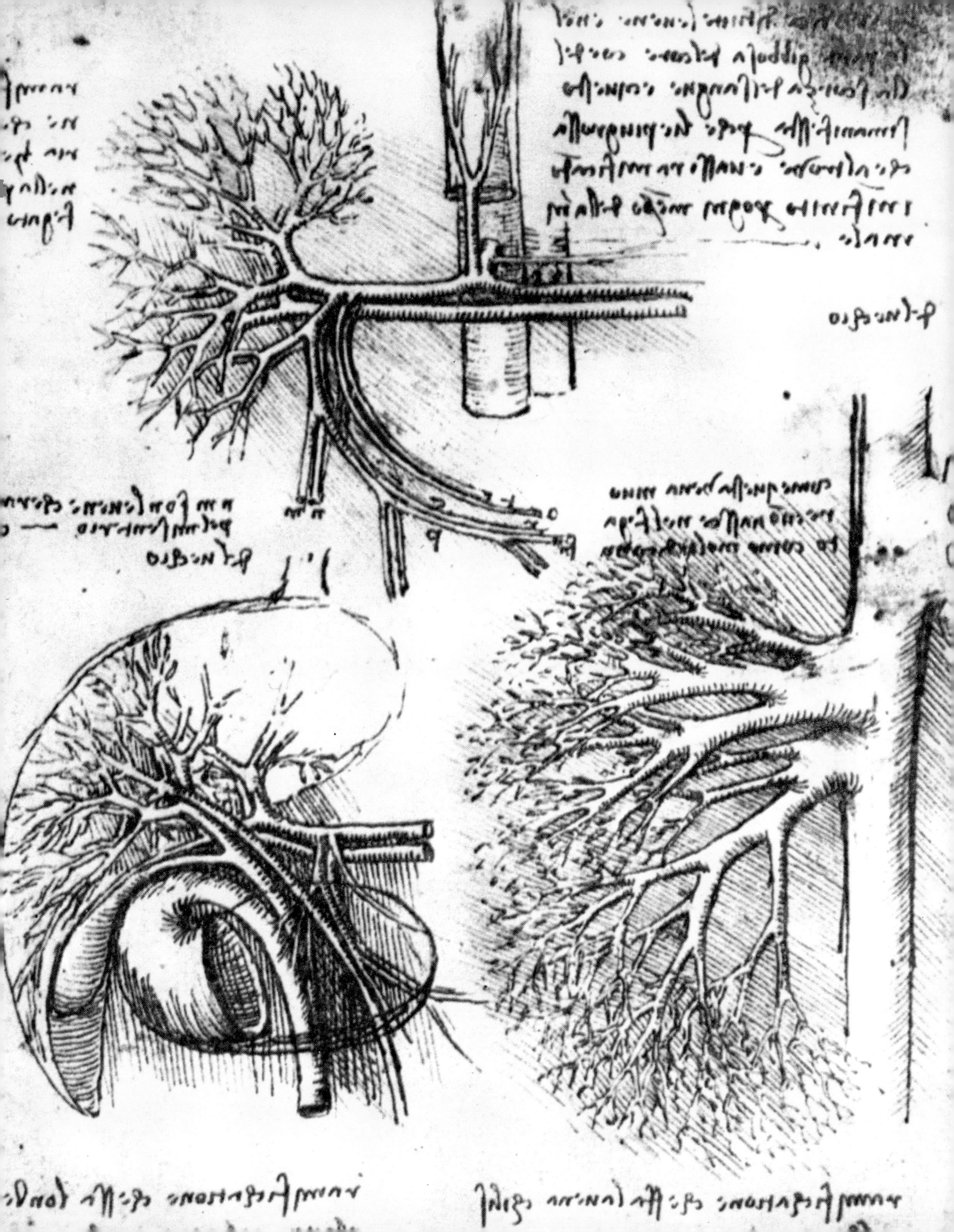

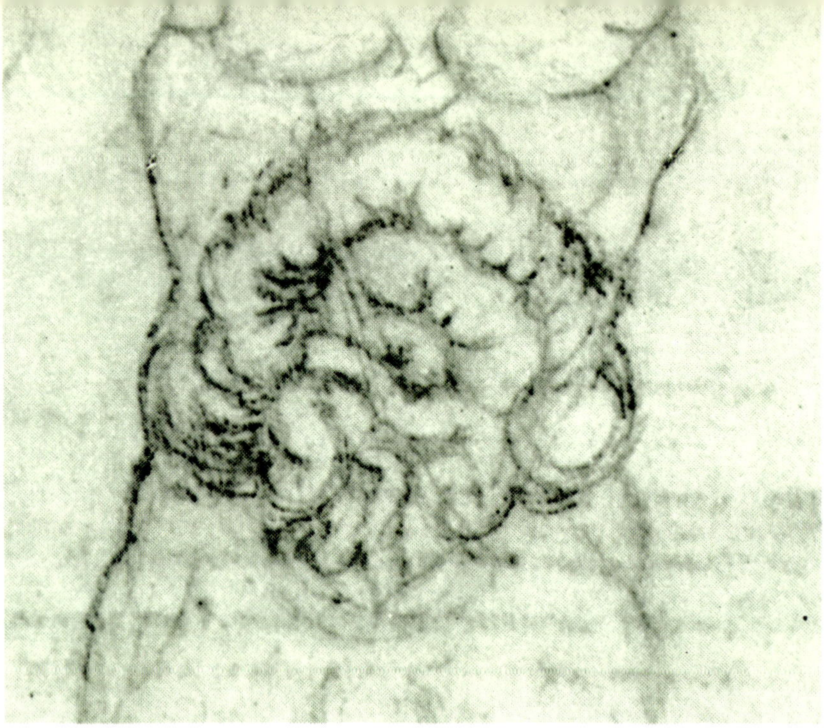

Die Unterleibhöhle und rechts der Verdauungsapparat.

8. Verdauungsapparat

Auch dieser Bereich ist im Wesentlichen sehr gut gesehen und richtig verstanden.

Der Magen ist korrekt dargestellt und seine rhythmische Entleerung gut beobachtet; das Prinzip des Schließmuskels war Leonardo durch die Analogie mit der Wasserschleuse vertraut. Er verallgemeinerte dieses Prinzip dermaßen, daß er überall Schließmuskel vermutete, sogar bei den Hirnkammern!

Der Darm ist ebenfalls gut dargestellt, wenn man sich nicht kleinlich auf die Position der Darmwindungen und auf die exakte Lage versteift. Der Blinddarm mit seinem Wurmfortsatz und der Dickdarm mit dem Afterschließmuskel sind sehr genau beobachtet.

Hingegen hat der Künstler weder die chemische Rolle der endo- oder exokrinen Sekretion bei der Verdauung erkannt noch die Muskulatur, welche die Peristaltik bewirkt: er erklärte sich die Entleerung der Gedärme durch mechanische Nachfüllung und das Gewicht, unterstützt von der Kontraktion der Bauchmuskeln und des Zwerchfells.

Die Leber wird als ein Gefässreservoir, nicht als ein Filter für Abfallstoffe angesehen. Hier werden – so glaubte Leonardo – die aus der Verdauung kommenden Brennstoffe auf den Organismus verteilt, den sie mit Energie versorgen. Zum erstenmal ist das intrahepatische und suprahepatische Venensystem, das das Blut durch die Hohlvene dem Herzen zuleitet, mit bemerkenswerter Genauigkeit beschrieben.

Die Milz ist merkwürdigerweise immer viel größer dargestellt, als sie wirklich ist. Wahrscheinlich wegen der fundamentalen Rolle, die man ihr in der Ausscheidung von ,,Säften'' zuschrieb. Man glaubte nämlich, aus der Milz komme die ,,schwarze Galle'' und werde von dort durch besondere (imaginäre) Kanäle zur Leber geleitet, wo sie sich mit der edlen gelben Galle vermische. Darum könne der Mensch ohne Milz nicht leben.

Hingegen war die Bauchspeicheldrüse völlig unbekannt und ist auch bei Leonardo nirgends abgebildet; erstaunlich in Anbetracht der Größe dieser Drüse, besonders, wenn man bedenkt, daß der Künstler so kleine Gebilde wie den Grenzstrang perfekt seziert und isoliert hat.

Die großen Gefäße der Eingeweide sind ziemlich richtig wiedergegeben. Man findet Schemata sklerotischer Veränderungen an den Darmarterien alter Menschen.

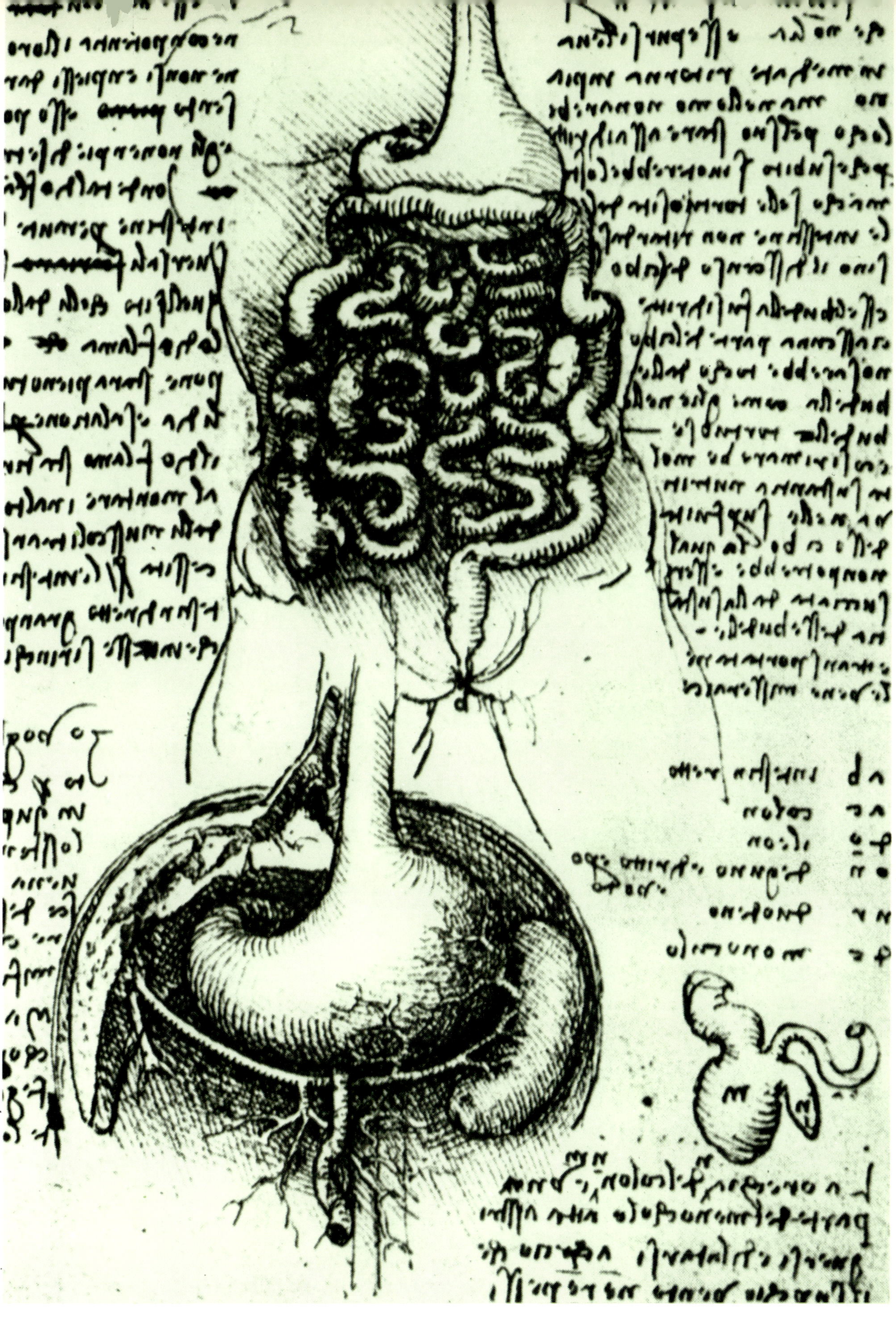

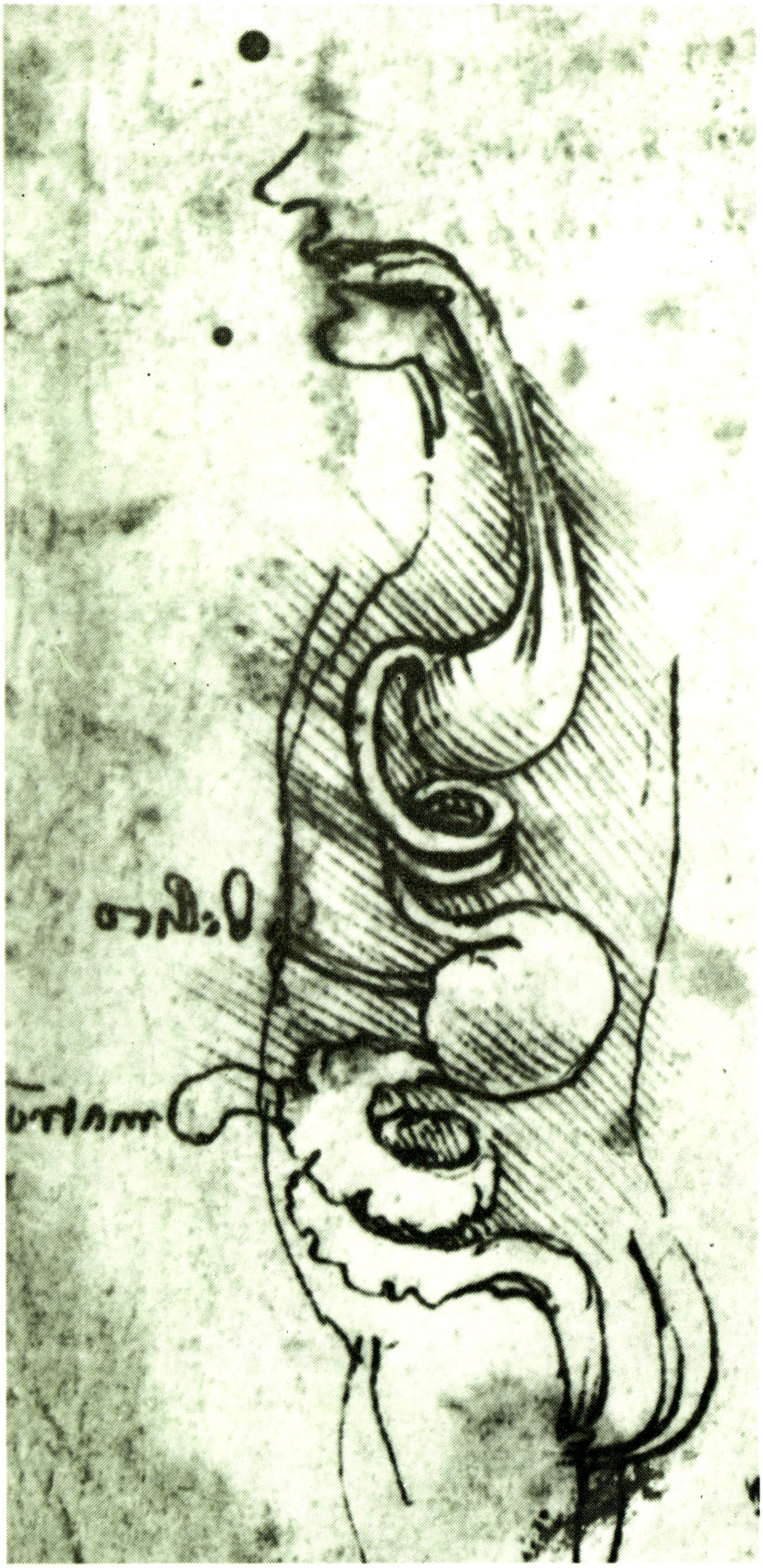

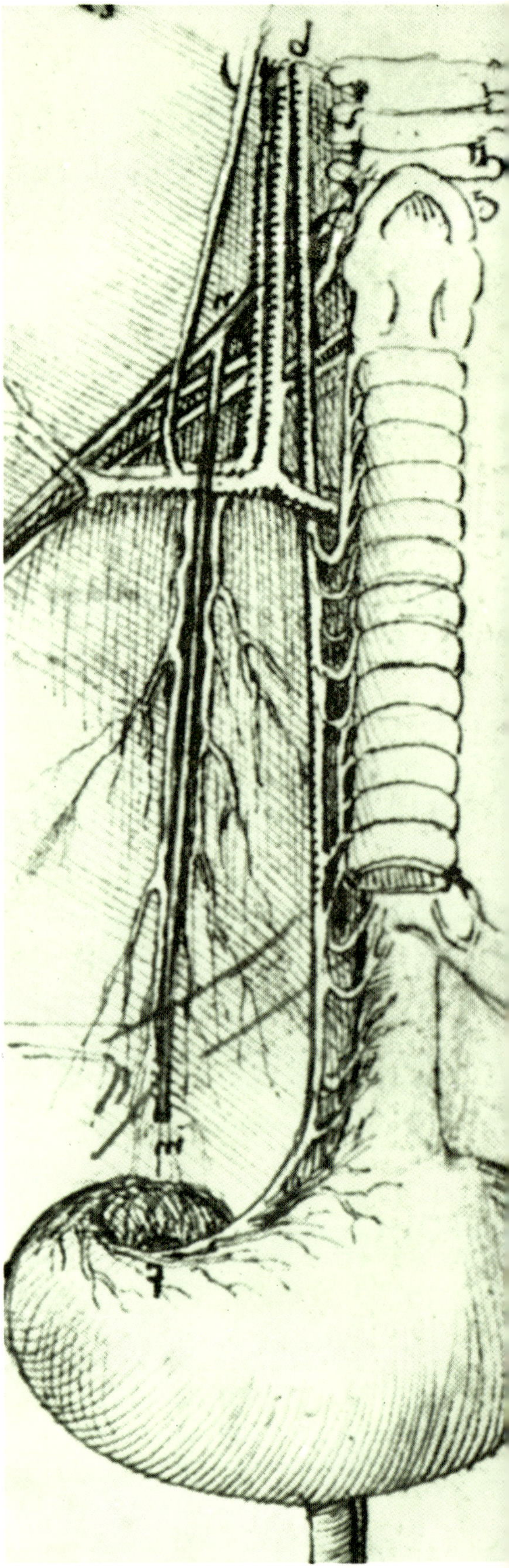

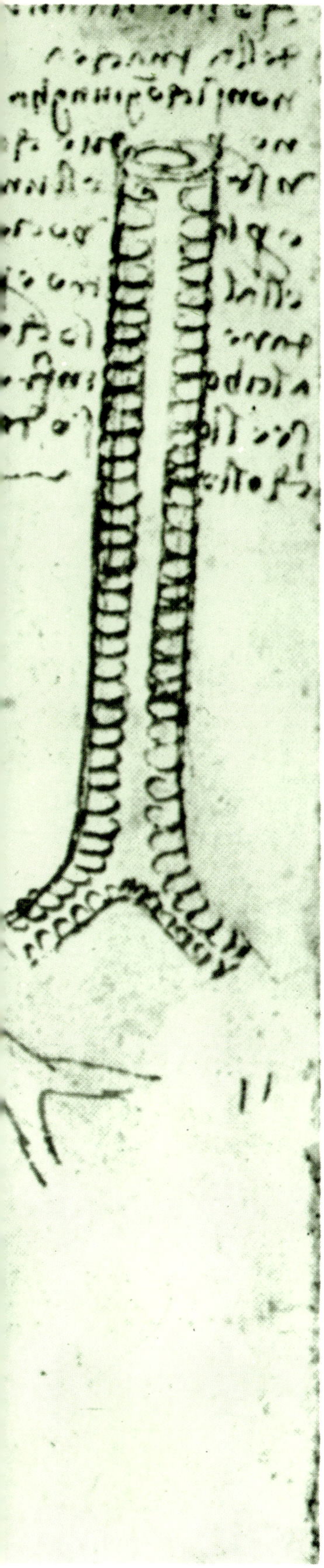

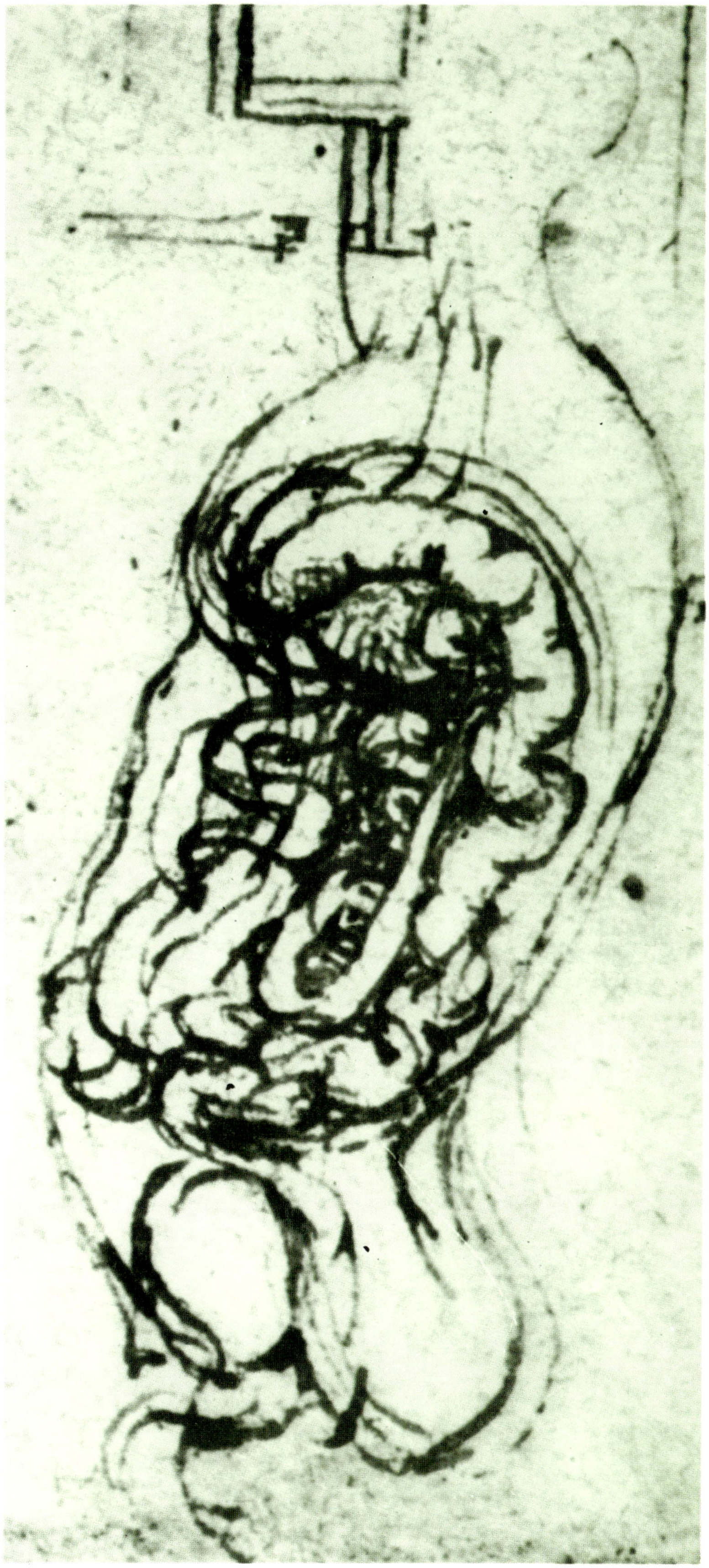

Links: Die gesamten Eingeweide, so wie sie schematisch von Leonardo gesehen wurden. Mitte: Luftröhre und Magen. Rechts: Die Gedärme.
Auf den folgenden Seiten: Bauchhöhle und die Membranen, die sie mit den Darmschleifen verbinden. Ganz rechts: Pfortader.

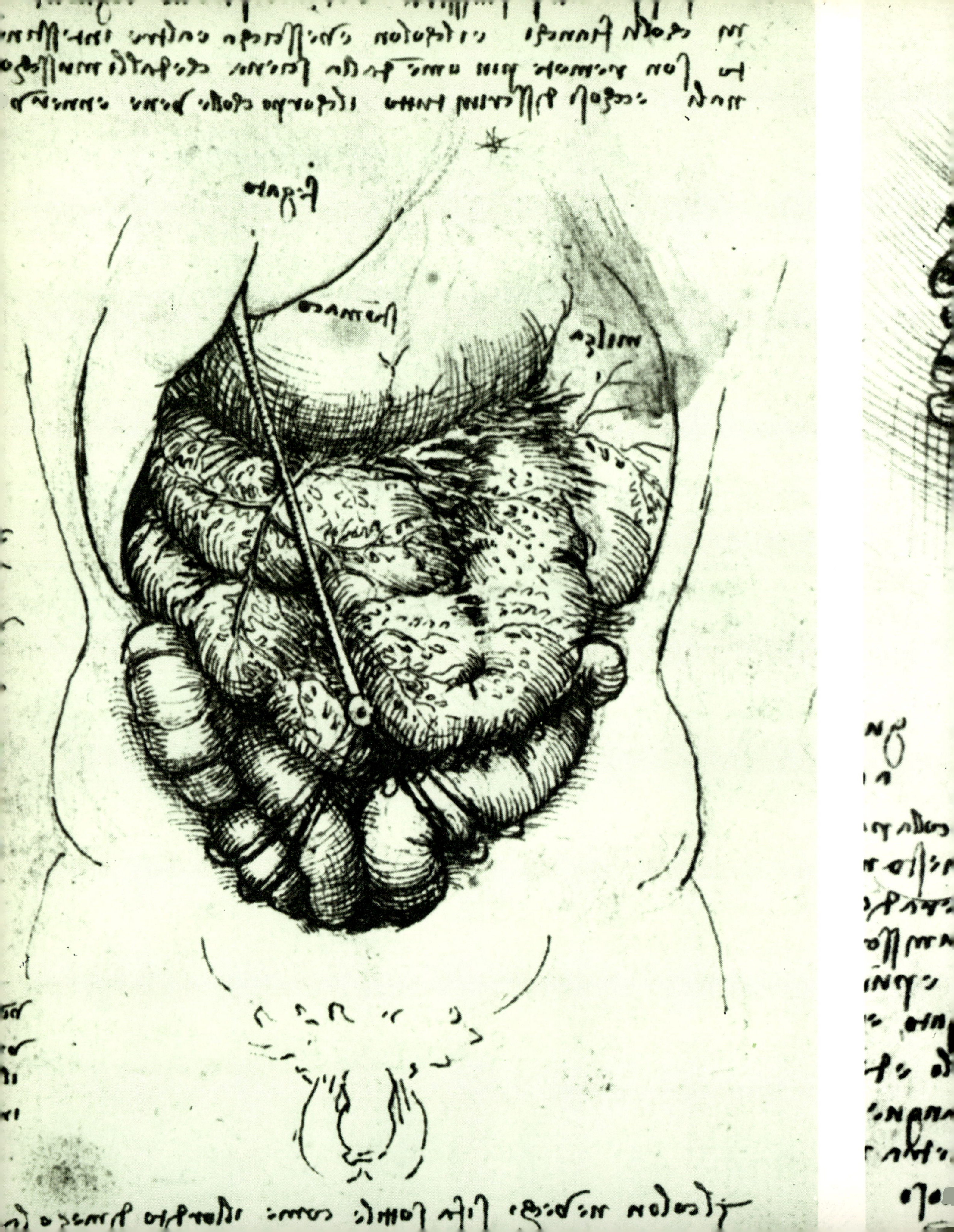
figato
stomaco
milza

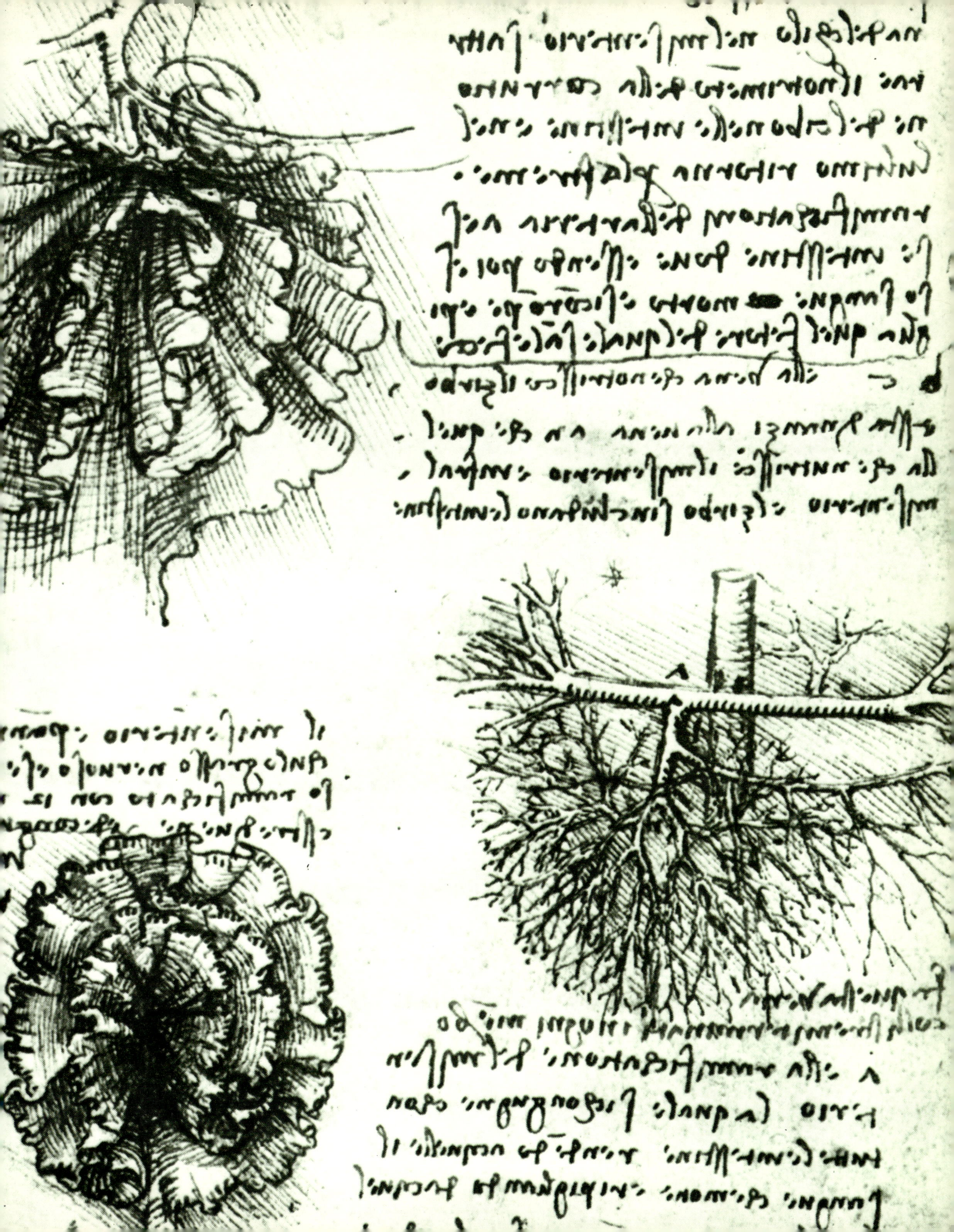

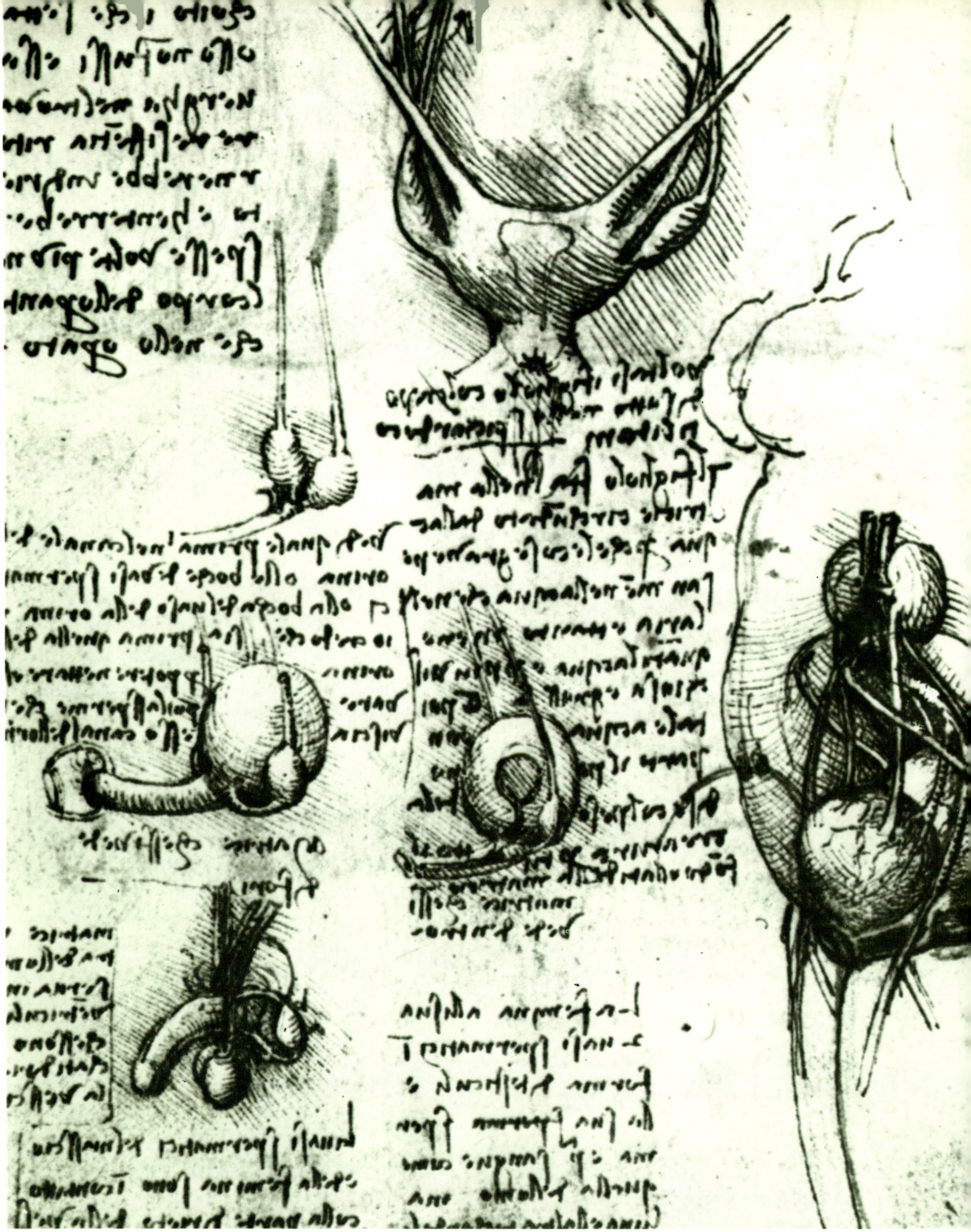

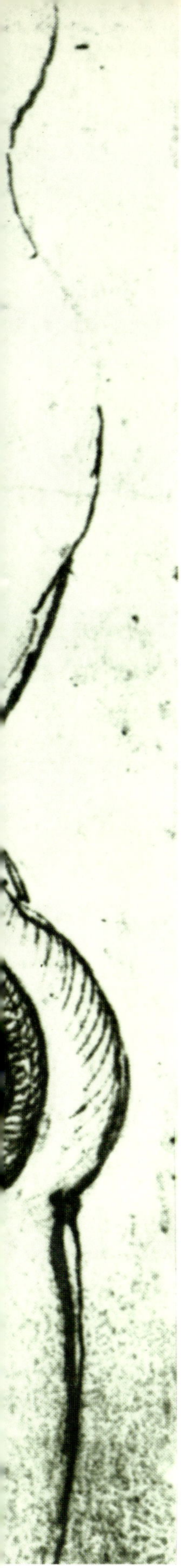

Die männlichen und weiblichen Geschlechtsorgane.

9. Uro-genitaler Apparat

Die Nieren sind richtig gezeichnet — die rechte höher oben als die linke —, aber ihre Struktur scheint Leonardo unbekannt gewesen zu sein. Das gleiche gilt von der Filterfunktion dieses Organs, wenngleich Leornado — ein gewaltiger Fortschritt — erkannt hat, daß die Menge des produzierten Urins von der die Niere durchströmenden Blutmenge abhängig ist.

Die Harnleiter sind da, einschließlich ihres kurzen Verlaufs innerhalb der Blasenwand; Leonardo wußte jedoch nichts von der Peristaltik und glaubte, der Harn entleere sich bloß durch sein Gewicht.

Die Blase ist rudimentär und schematisch dargestellt, stets rund und gefüllt; sie ist mit einem Hals und einem Schließmuskel ausgestattet, aber es fehlt jede Andeutung ihres inneren Baus, wenngleich der Künstler wußte, daß man manchmal Blasensteine findet. Das permanente Interesse für die pathologische Anatomie und die Erklärung der inneren Krankheiten ist einer der wichtigsten Beiträge Leonardos zur Entwicklung des medizinischen Denkens.

Männliche Genitalien: Die Hoden sind richtig gezeichnet und mit einem „thermostatischen" Sack umgeben. Aber die Nebenhoden fehlen, und der Samenkanal zweigt direkt ab. Statt in der Harnröhre zu enden, leitet er das Sperma direkt zu den Samenbläschen; diese führen es in die Harnröhre, wobei ein Schließmuskel das Ausfließen von Urin verhindert.

Die Spermengefäße sind gut beschrieben; der Verlauf des Samenstranges beschäftigte den Künstler, der hier eine schwache Stelle sah und daraus eine mechanische Erklärung des Leistenbruchs ableitete.

Die Erektion wird nicht mehr, wie früher, durch eine Aufblasung mit Luft erklärt, sondern, nach Untersuchungen an Gehenkten, durch den Zustrom von Blut. Allerdings glaubt der Künstler, es sei die Hebung und Senkung des Hoden, die beim Koitus die Öffnung oder Schließung des Schließmuskels am Samenleiter bewirke. In diesem Zusammenhang übernimmt Leonardo die Ansicht arabischer Ärzte, wonach die erigierte Eichel durch den weit geöffneten Gebärmutterhals in die Uterushöhle eindringe.

Nach Leonardos Meinung besitzt übrigens das Glied zwei Kanäle; der untere — die Harnröhre — läßt den Urin und das Sperma aus ; der obere — imaginäre — leitet die „Lebenskraft".

Bei Leonardo gibt es auch keine Prostata: da er nur kastrierte Ochsen sezierte, hat er die Prostata nie gesehen.

Weibliche Genitalien: Das ist eines der schwächsten Kapitel bei Leonardo. Es hat ihn offenbar nicht besonders interessiert. Für ihn ist der Geschlechtsakt etwas Abstoßendes; Scheide und Glied sind für ihn wie Tiere, die nicht vom Willen regiert werden.

Die Vulva ist kümmerlich, abgeschlossen, ohne große und kleine Schamlippen.

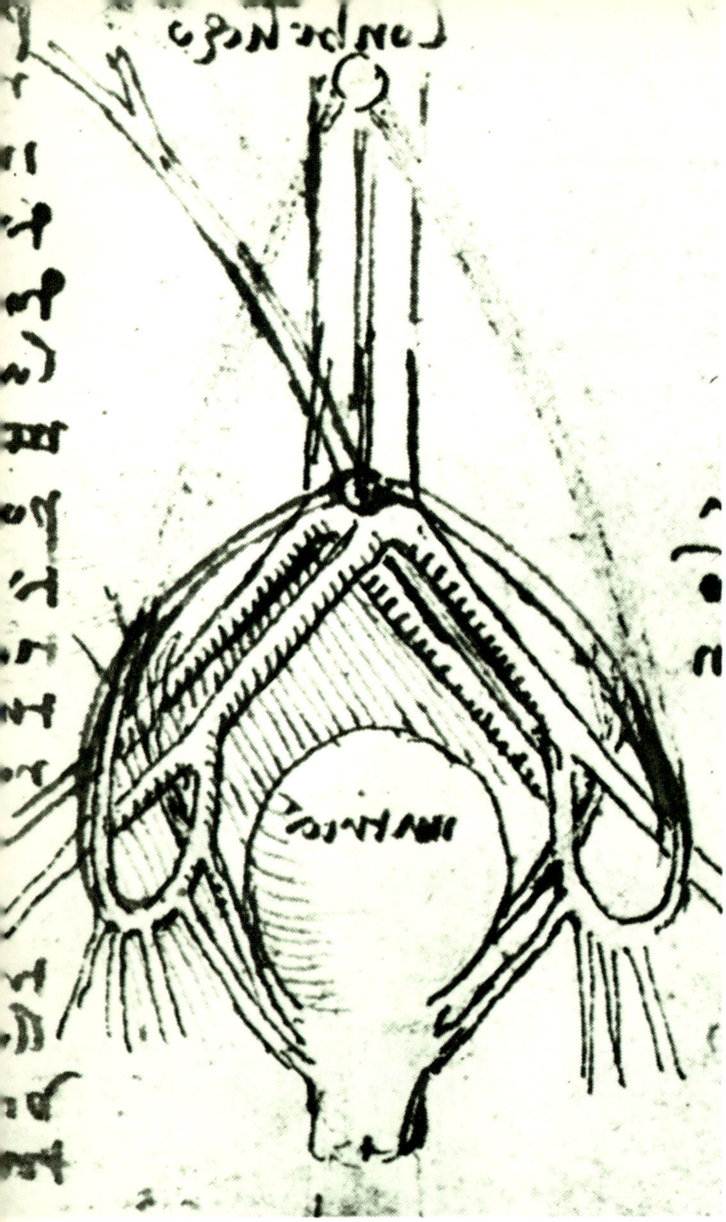

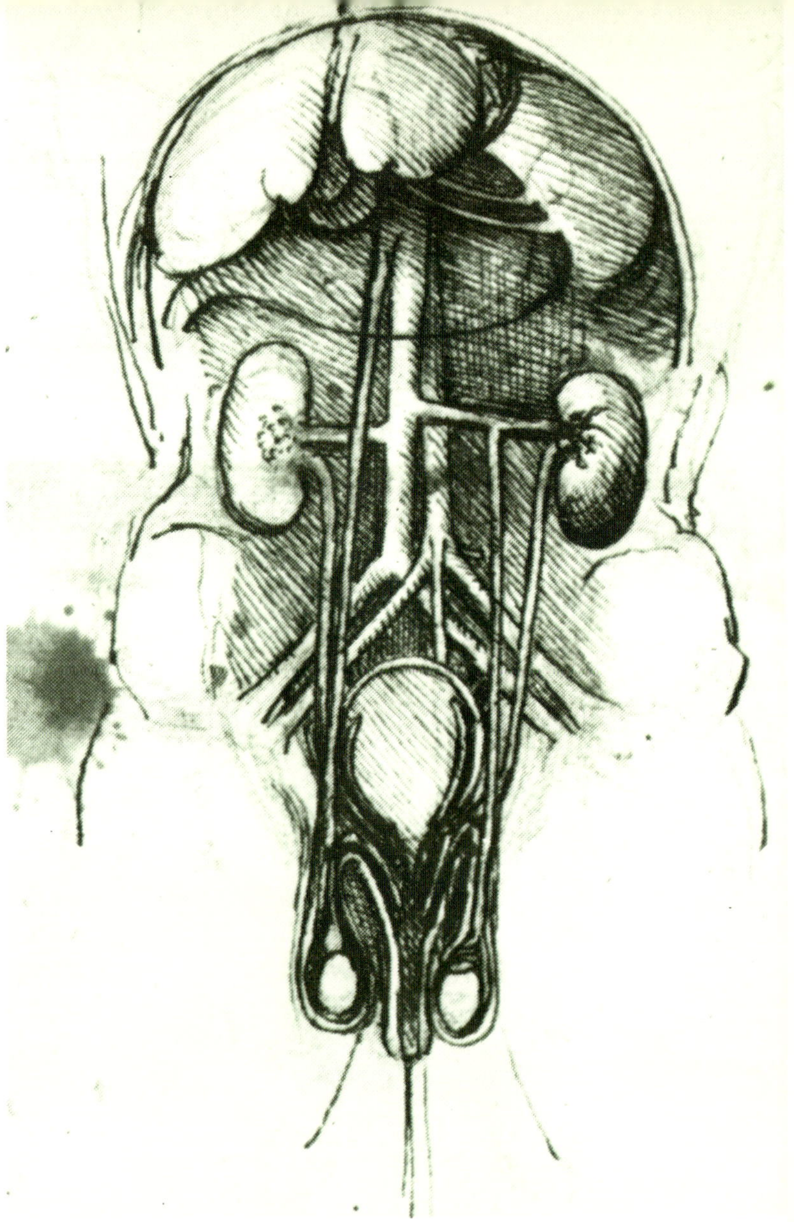

Gebärmutterarterie (links). Urogenitaltrakt von Mann (oben rechts) und Frau (rechte Buchseite).

Dennoch findet man auch hier zwei exakte neue Beobachtungen: die Uterus-Arterie und die Verzweigungen am cervix uteri, die hier zum erstenmal dargestellt sind; und die einheitliche Uterushöhle (man hatte bis dahin geglaubt, der Uterus sei in mehrere Kammern geteilt, womit man die Mehrlingsgeburten erklärte). Vor allem aber macht Leonardo mit der Demonstration des Uterus im Zustand der Schwangerschaft alles wieder gut; zum erstenmal ist der Foetus vorzüglich dargestellt, ganz wie in modernen Lehrbüchern, obwohl Leonardo niemals einen Foetus „in utero" gesehen und seine Untersuchungen an Kühen vorgenommen hat. Als erster hat er die drei foetalen Membranen beobachtet: Chorion, Amnios und Allantois; und die Position des Foetus im Mutterleib, mit diesem durch die Nabelschnur verbunden, ist hervorragend wiedergegeben.

Leonardo beschreibt sogar das Prinzip der Plazentarzirkulation, unabhängig vom Blutkreislauf der Mutter ; damit ist er seiner Zeit um mehrere Jahrhunderte voraus. Gewiß, es ist eine Rindsplazenta ; aber Leonardo war mit Recht frappiert von der Größe der Leber des Foetus und hat den hypertrophierten linken Leberlappen sehr gut wiedergegeben.

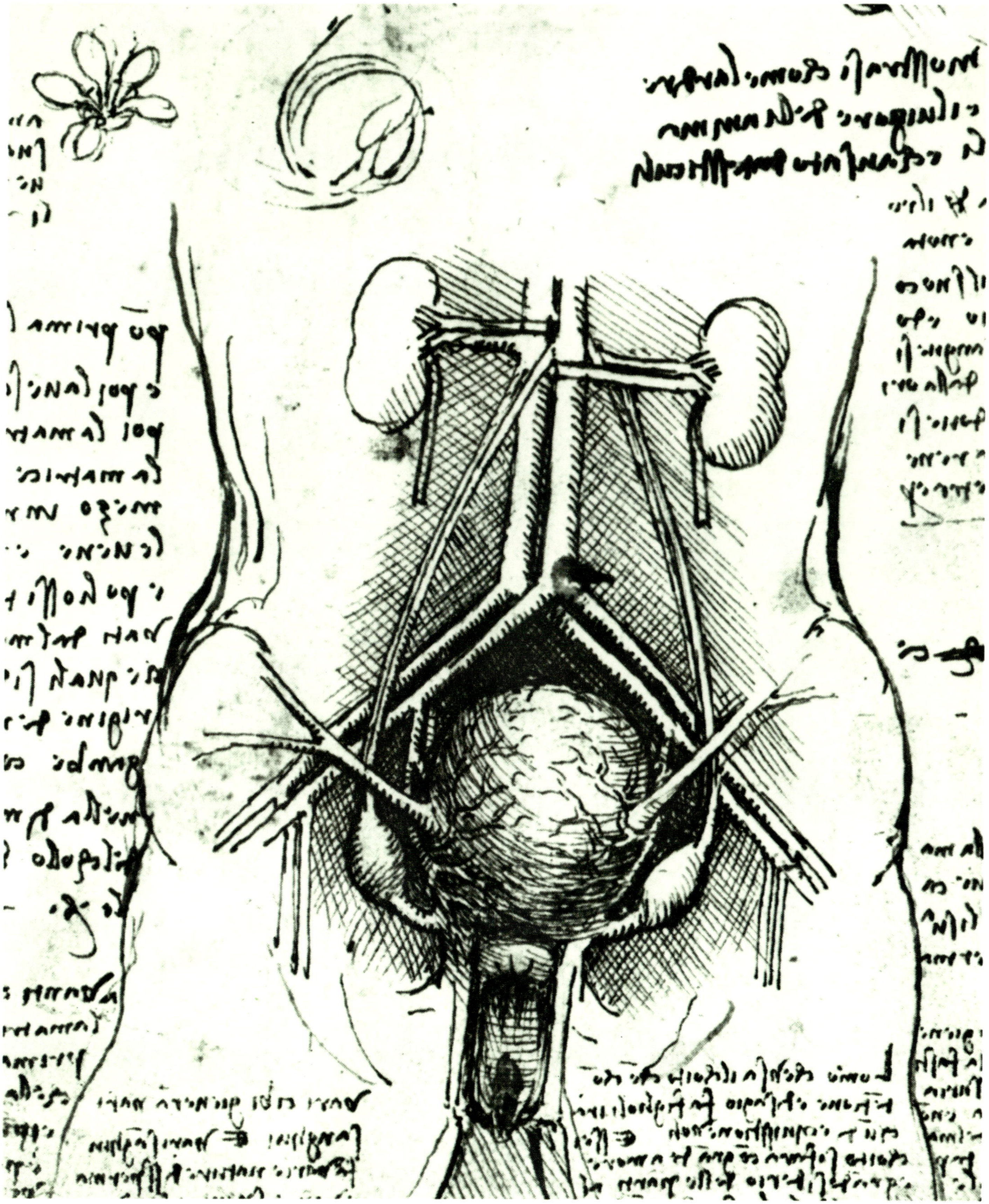

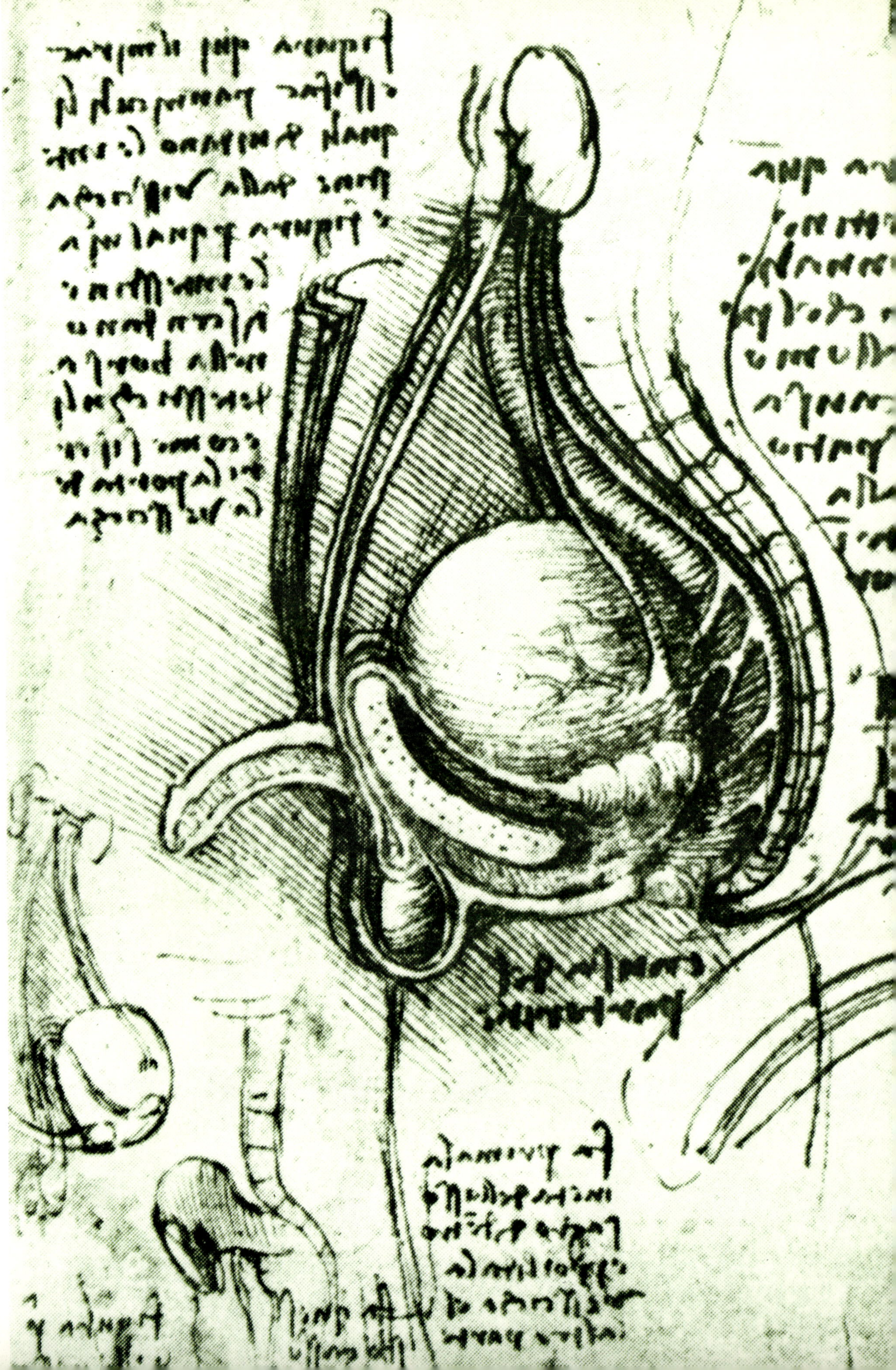

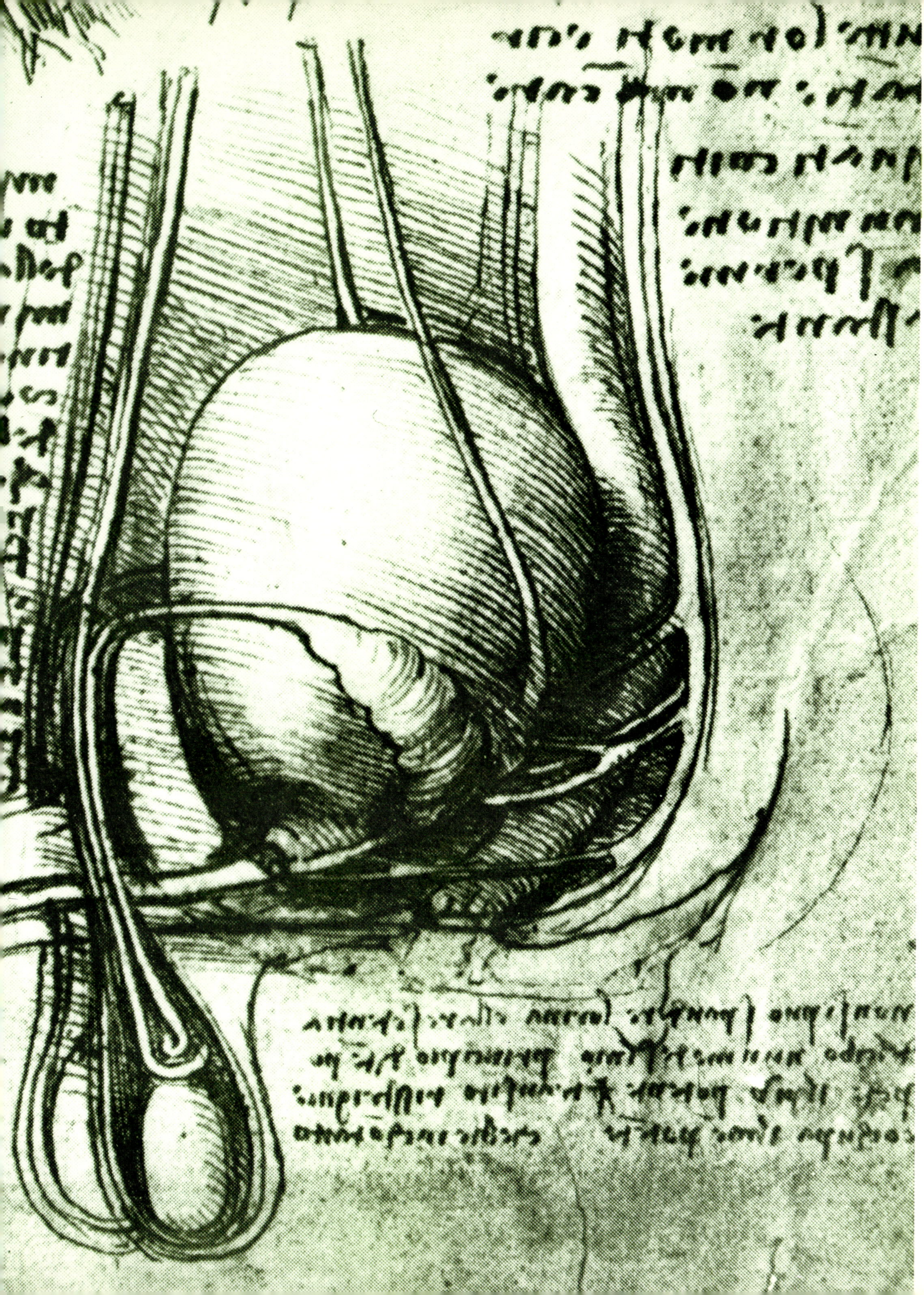

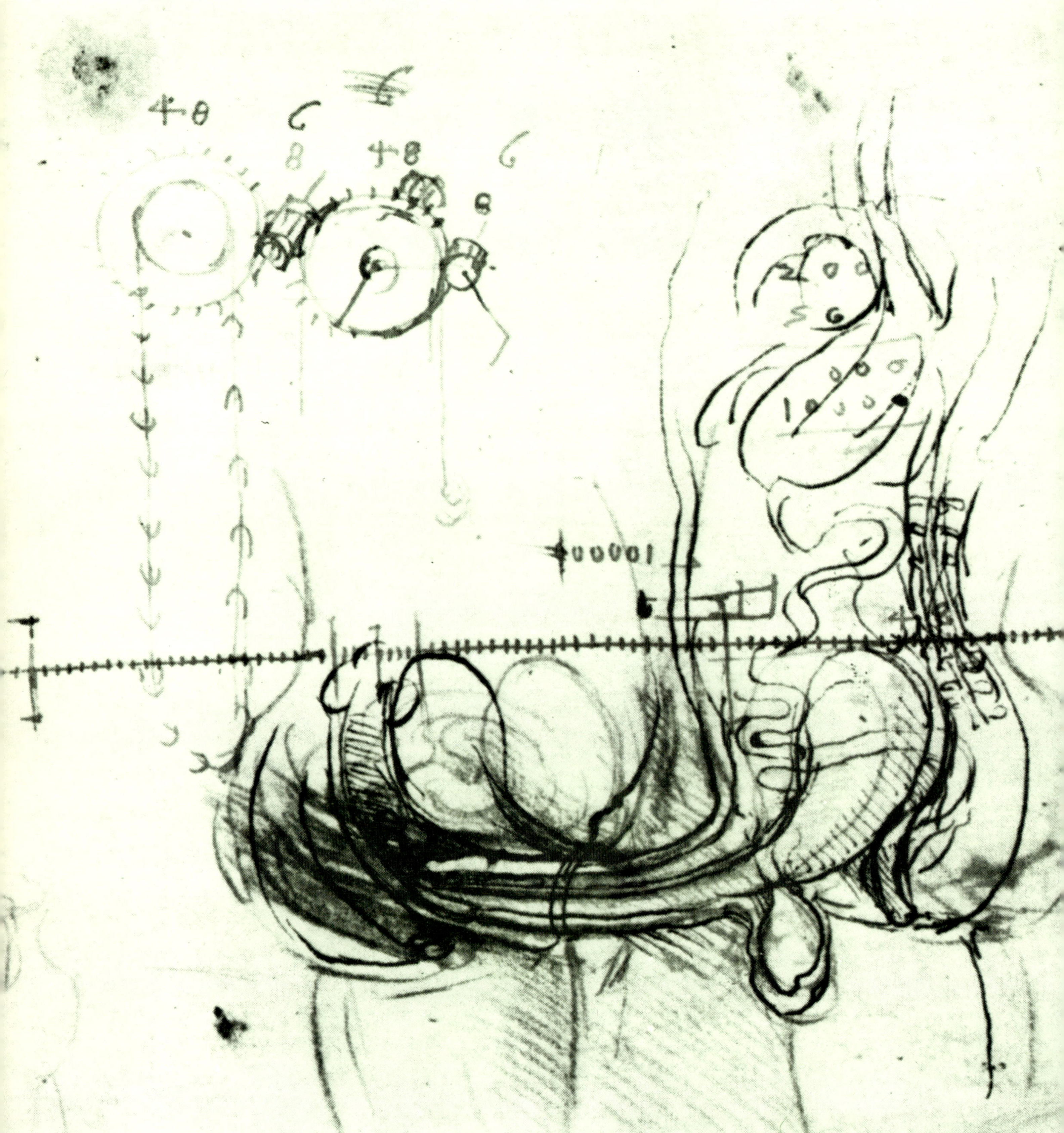

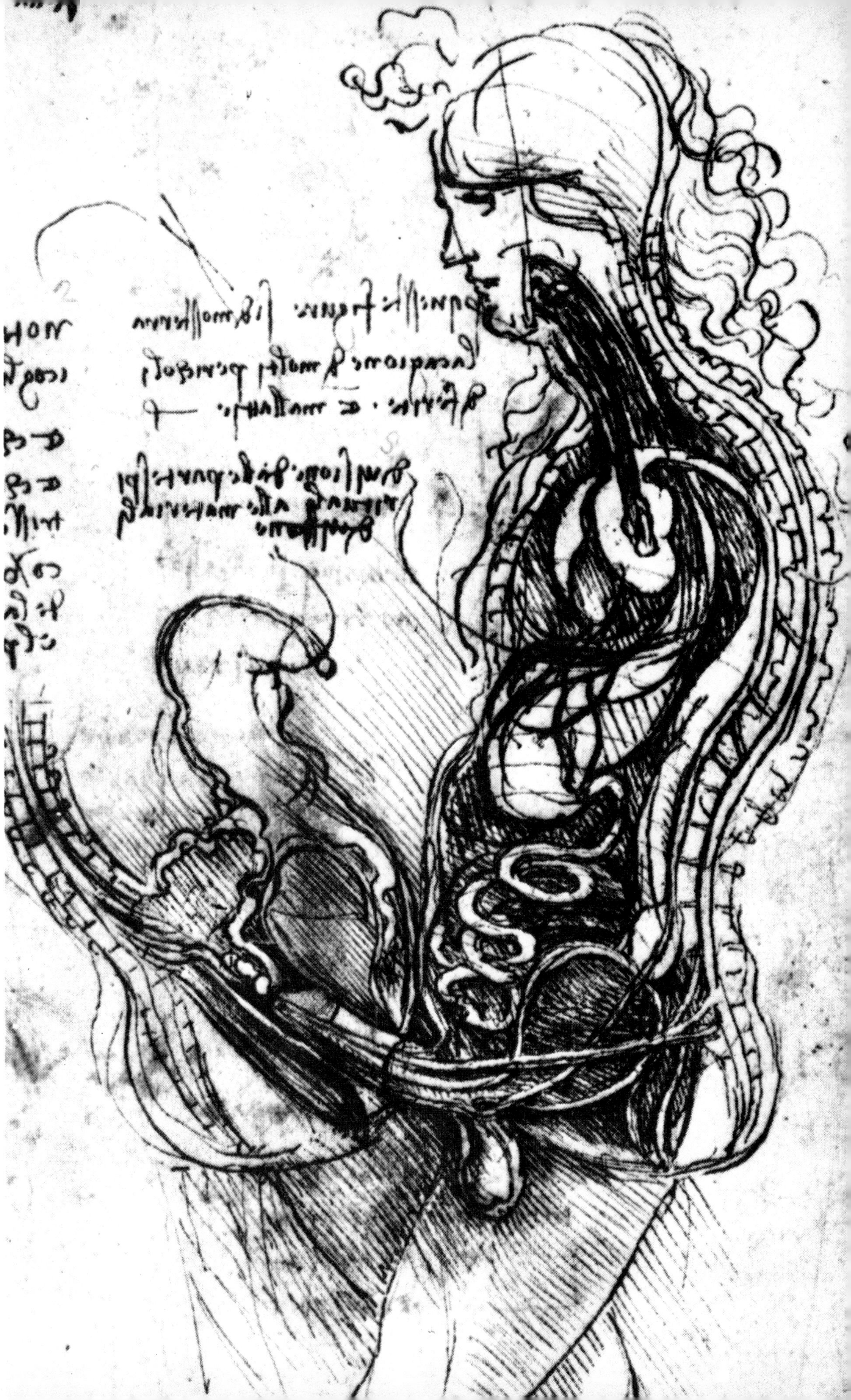

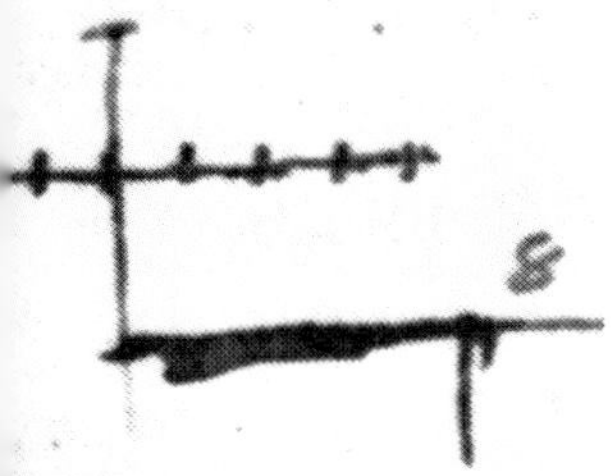

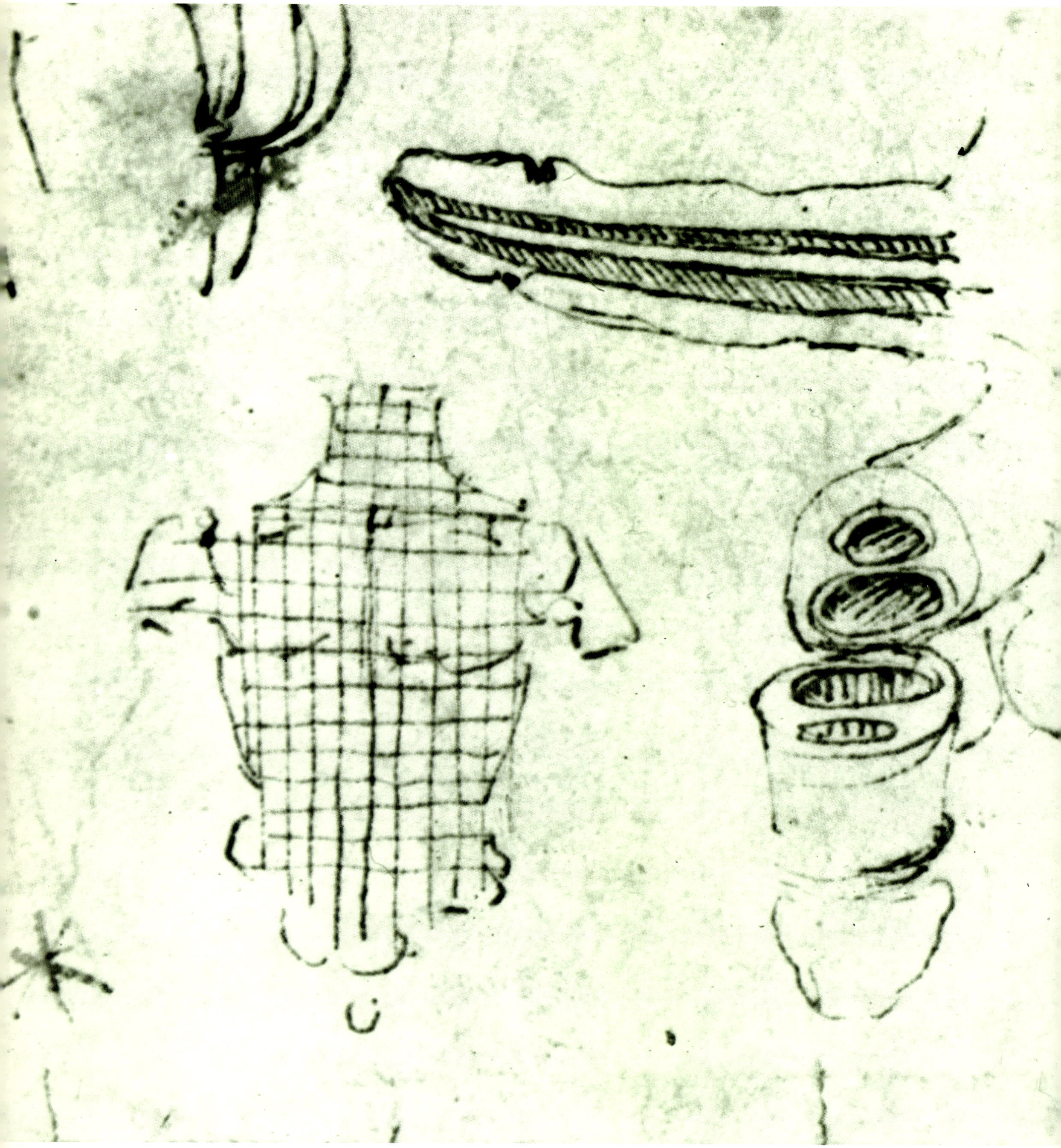

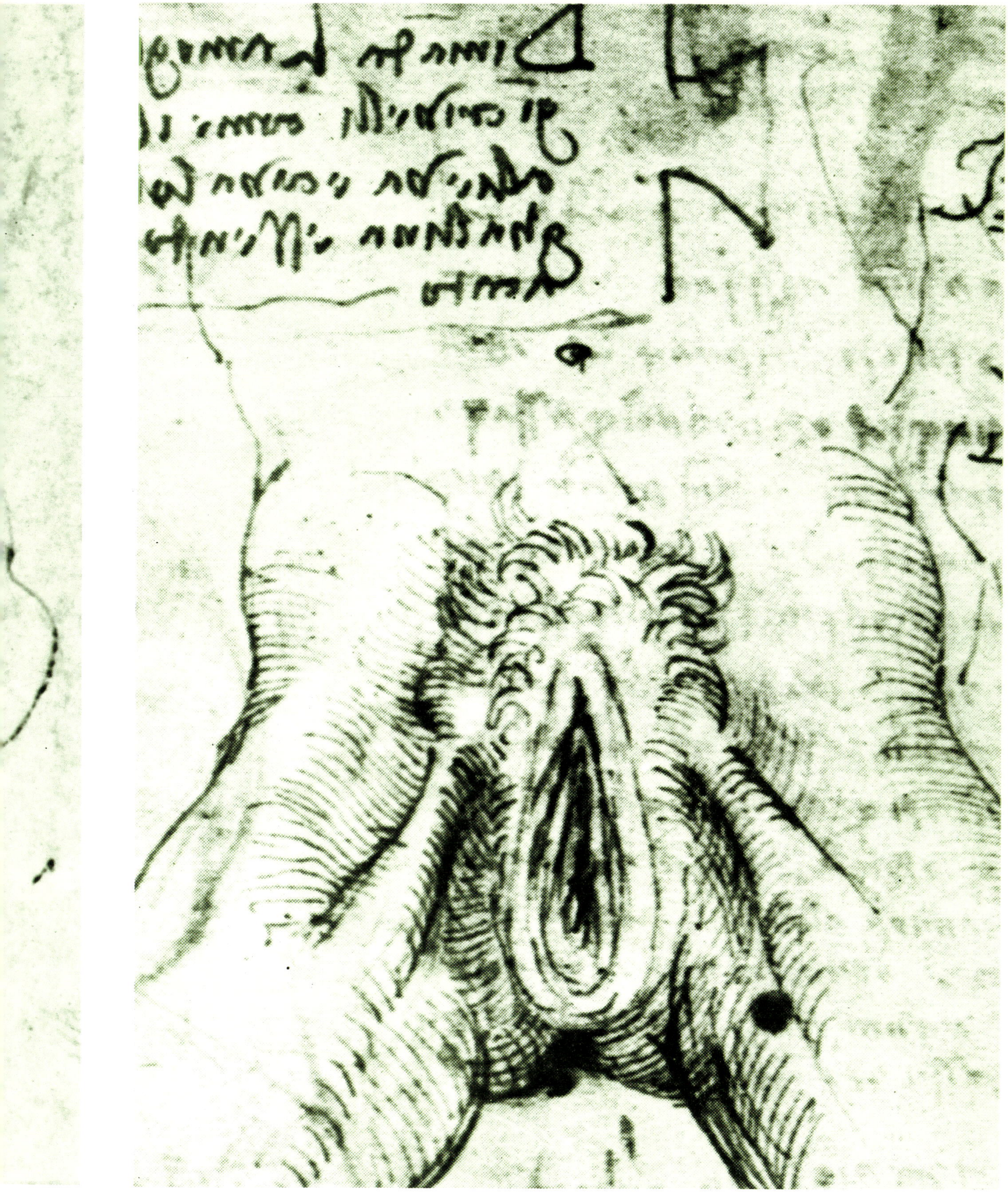

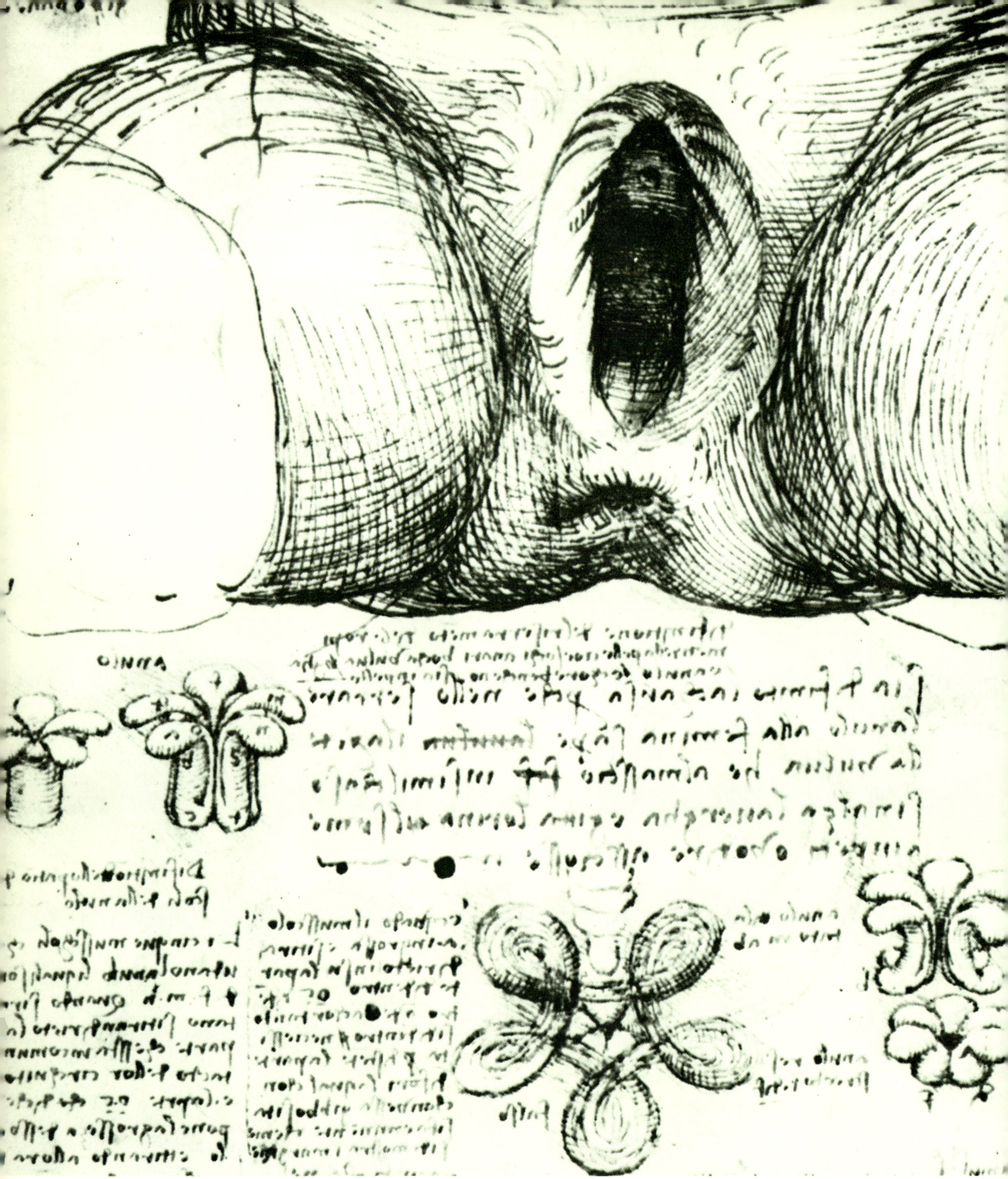

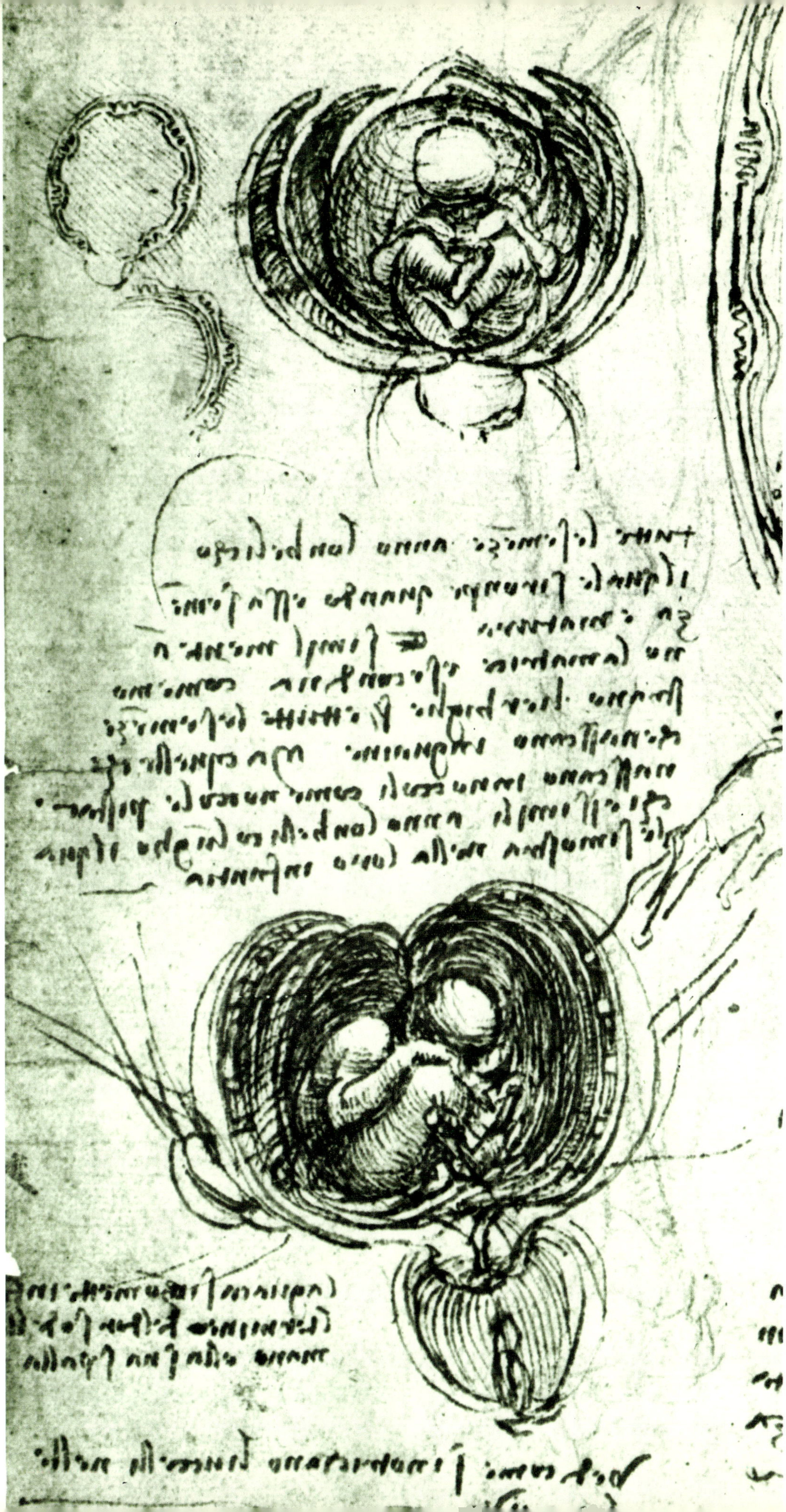

Foetus und Schoss.

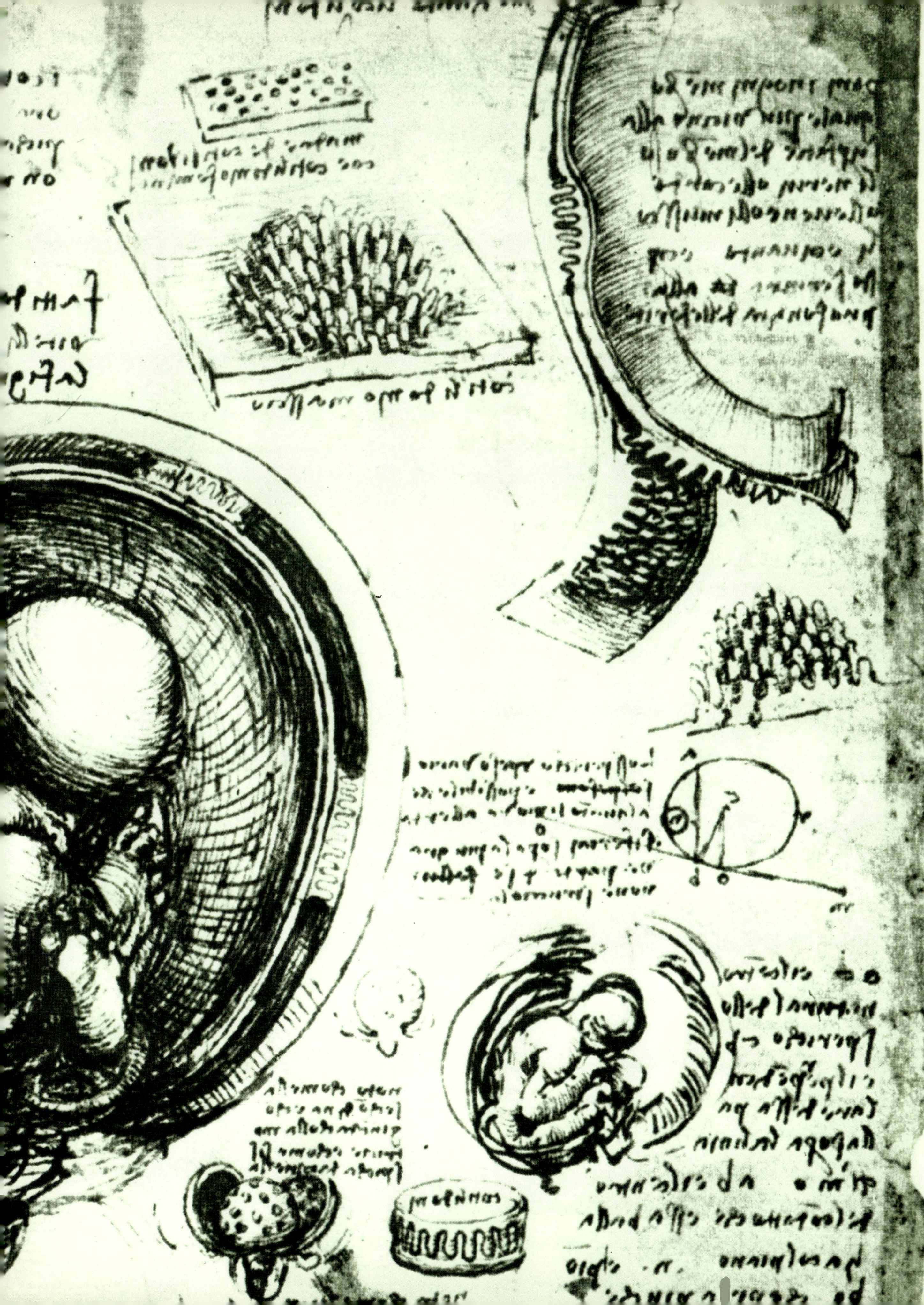

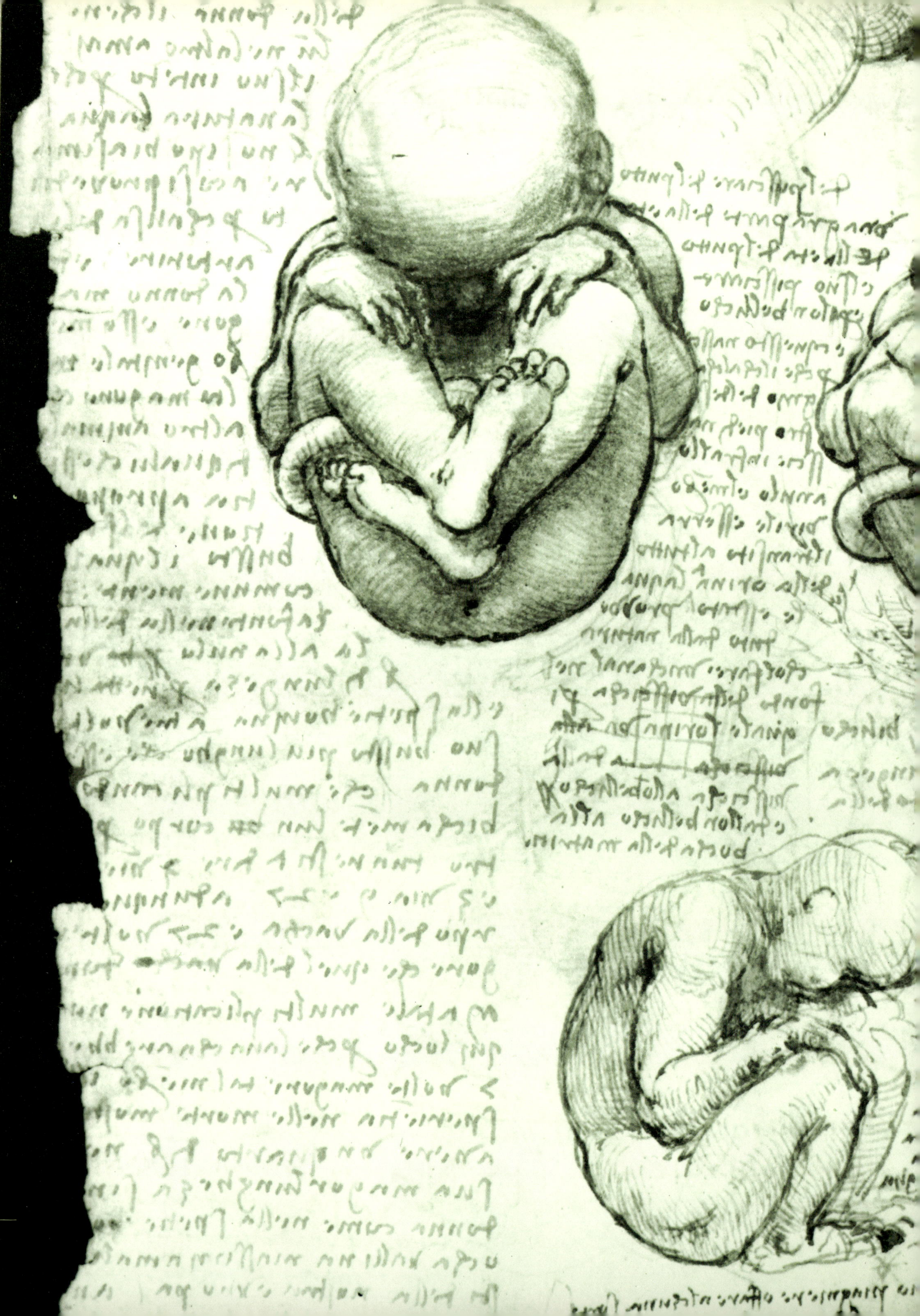

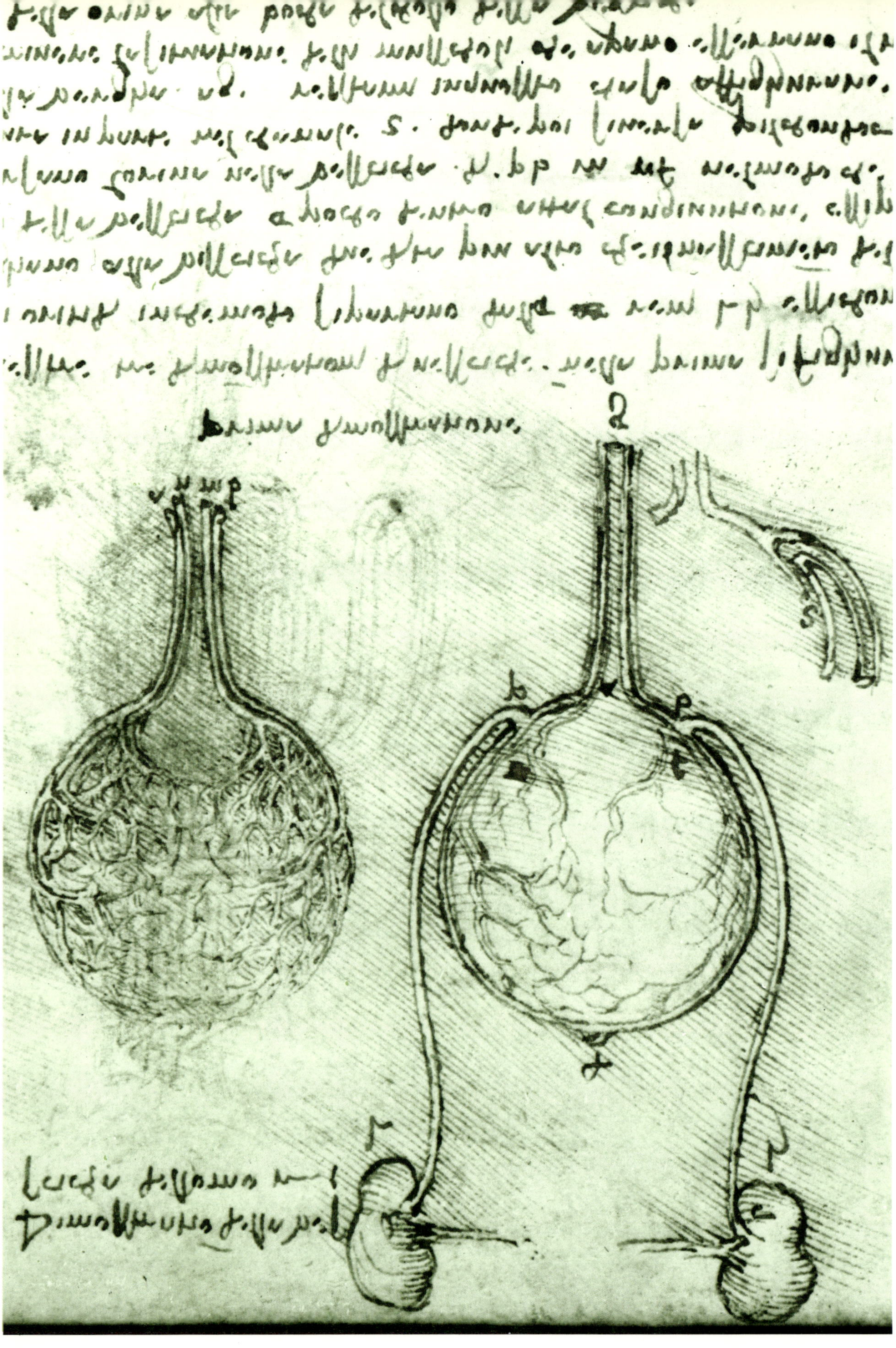

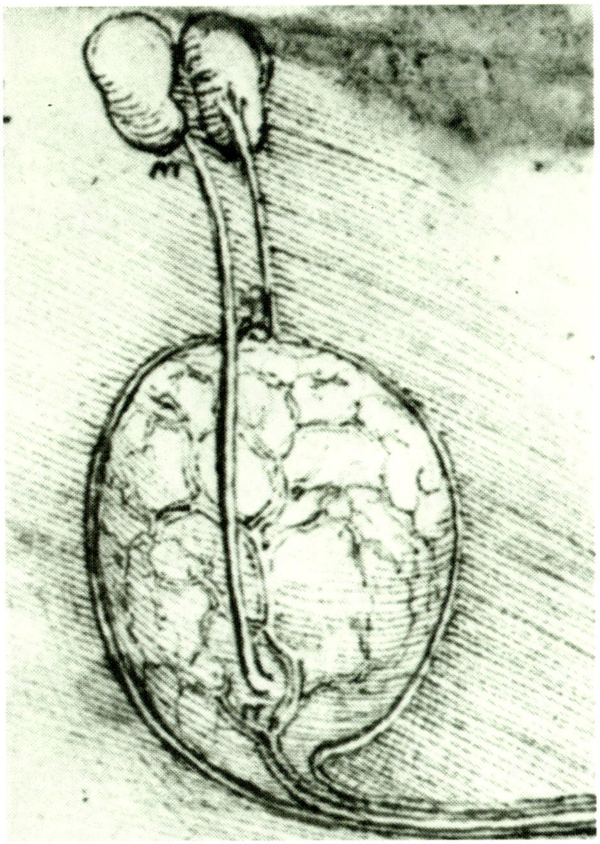

Gegenüber: Harntrakt. Unten: Eine Niere.

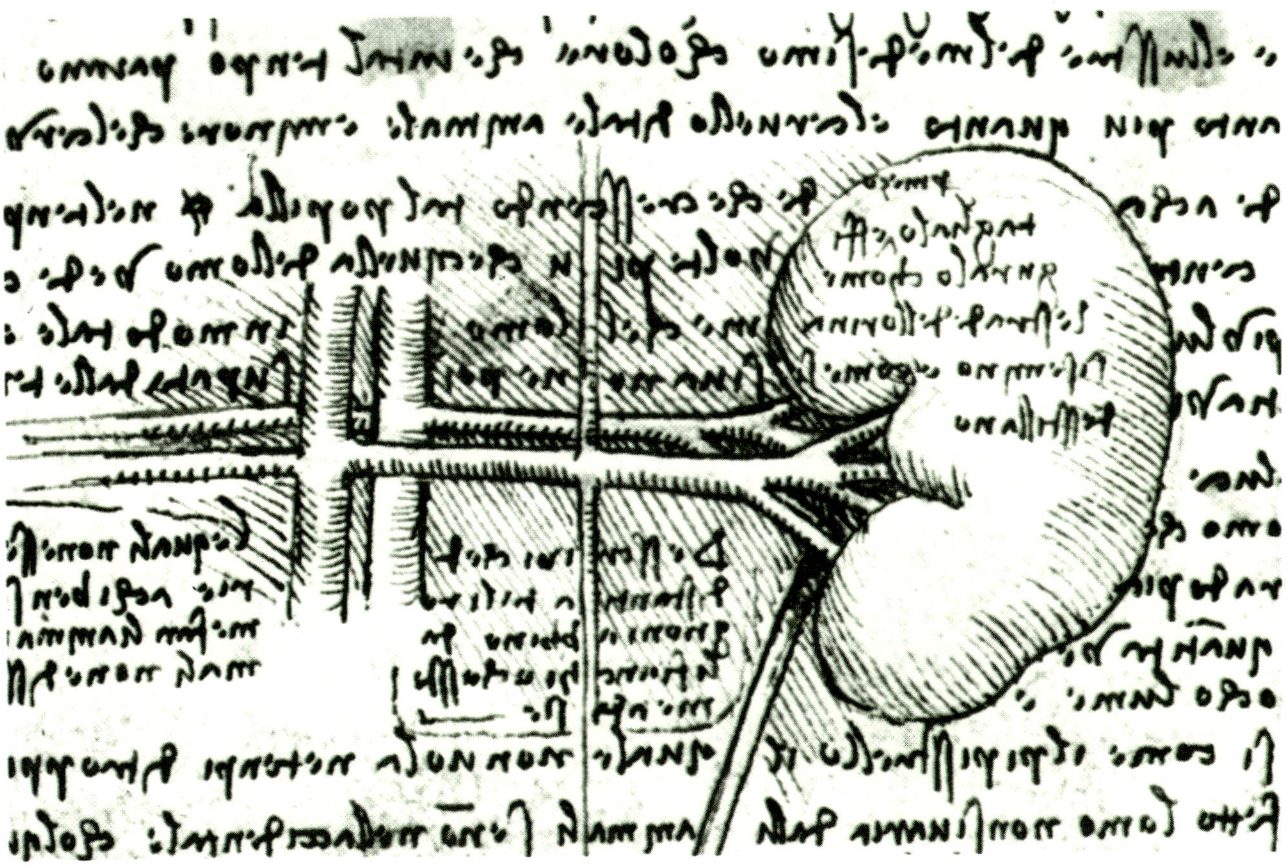

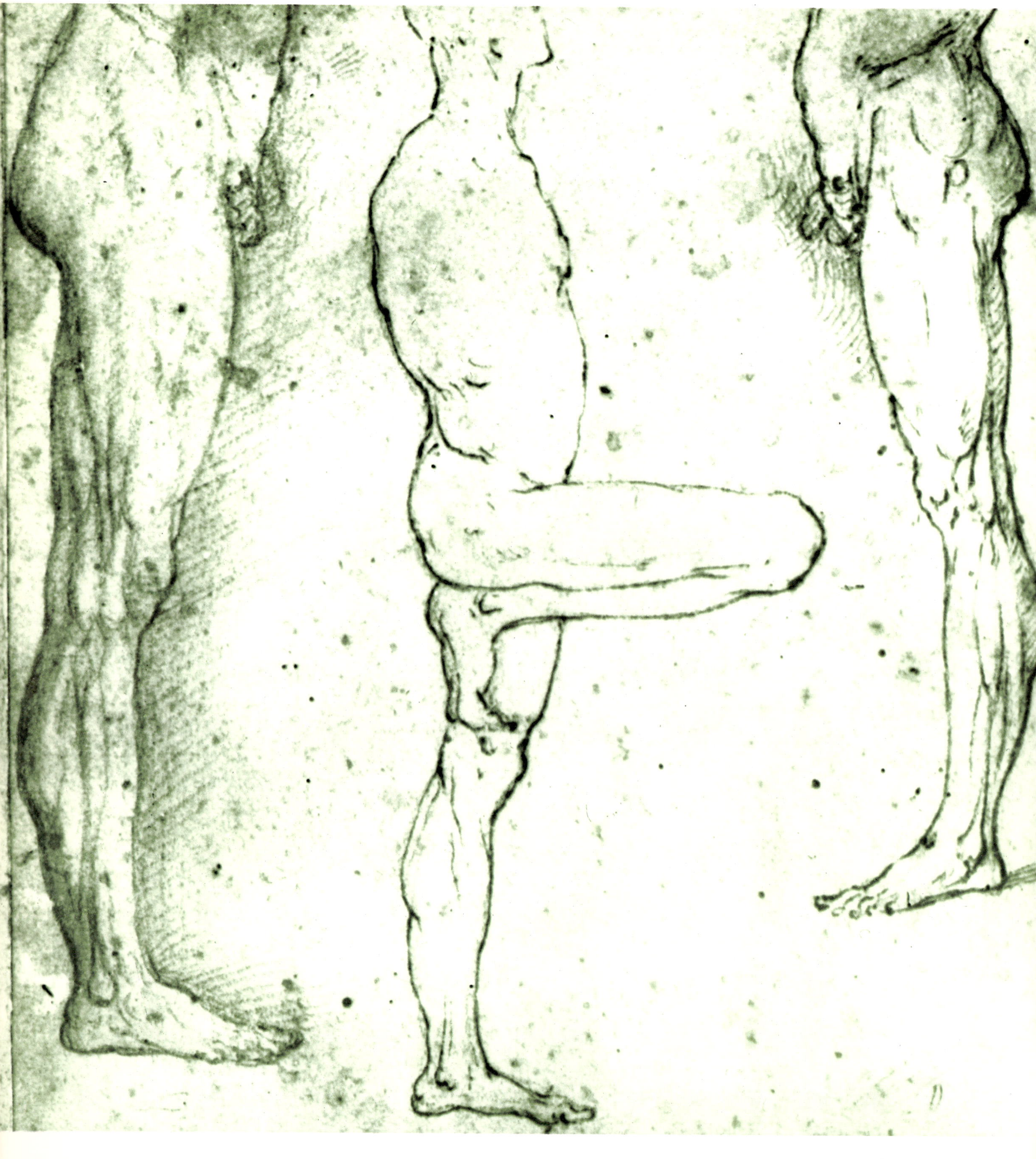

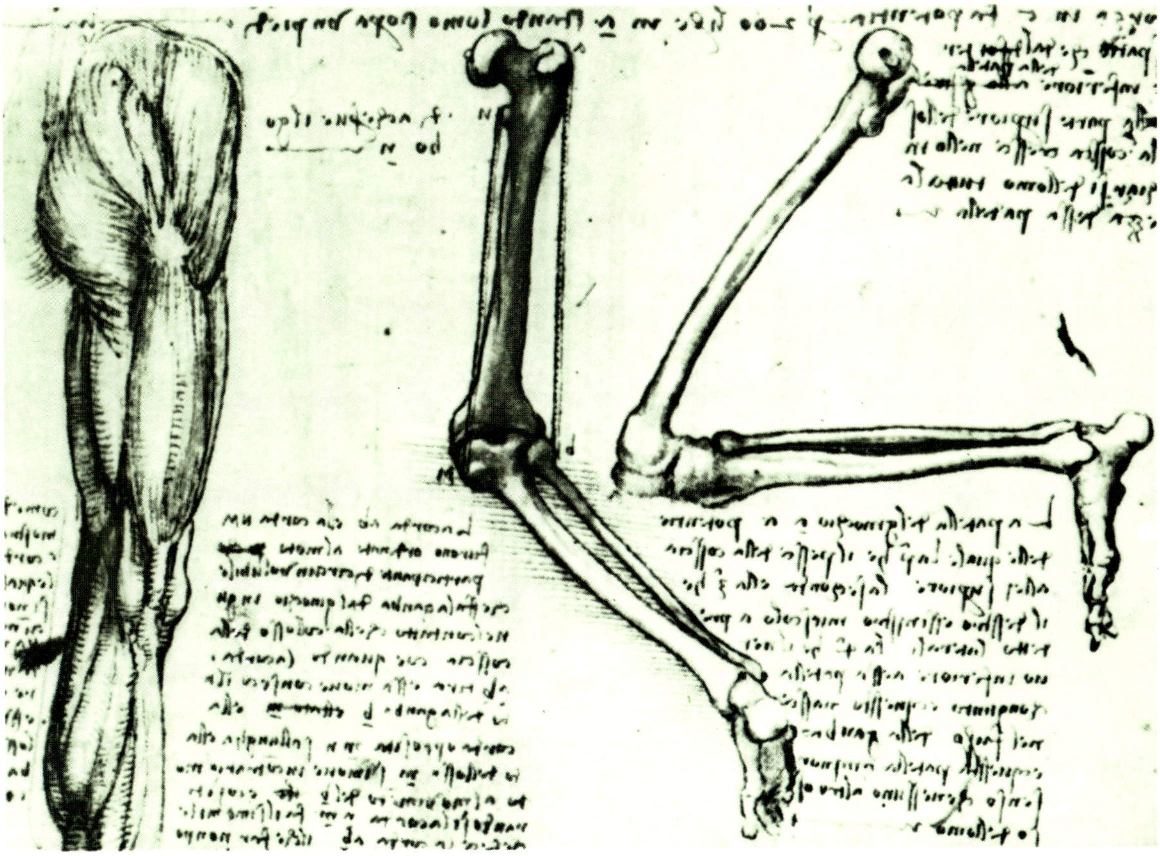

10. Untere Gliedmaßen

Hier gilt das gleiche wie für die oberen Gliedmaßen: genaue Darstellung des Knochenbaus (besonders beim Fußwurzelknochen), minutiöse Beschreibung der Muskeln und ihrer mechanischen Funktion. Das Bein ist oft als Marionette mit Schnüren schematisiert, um den osteo-muskularen Mechanismus besser verständlich zu machen.

Leonardo schreibt, eine gute Kenntnis der Anatomie müßte es ermöglichen, genau festzustellen, welche Muskeln bei einer gegebenen Stellung im Spiel sind. Auch hier zeigt er, wie die antagonistischen Muskeln die Aufrechthaltung und die verschiedenen Stellungen des Körpers bewirken.

In der Abbildungsweise verwirft er jedoch eine schöne ,,Modellierung" der Muskeln; er gibt harmonischen Kurven den Vorzug vor uneleganten ,,Schwellungen", welche die Glattheit der Formen stören. Aber er studiert die Muskeln aus reinem Wissensdurst, um ihre Mechanik zu verstehen, und nicht aus ästhetischen Gründen.

Die Gefäße sind weniger gut wiedergeben, ungenauer und mit vielen Fehlern ; die obere Femoralarterie beispielsweise ist nicht als Verbindungsader dargestellt, sondern gespickt mit Zweigäderchen zum Schenkel, wie die untere Femoralarterie. Die Wadenarterie fehlt.

Das gleiche gilt für die Nerven; hier findet man nicht die Präzision und Exakheit, die in der Darstellung der Fingernerven so bewundernswert sind.

Hingegen erweist sich der Künstler wieder einmal als der große Neuerer, indem er ein Blatt vergleichender Anatomie zeichnet und Skizzen eines menschlichen Beines neben solche von Tierläufen (Hund, Pferd, Affe, Rind) stellt.

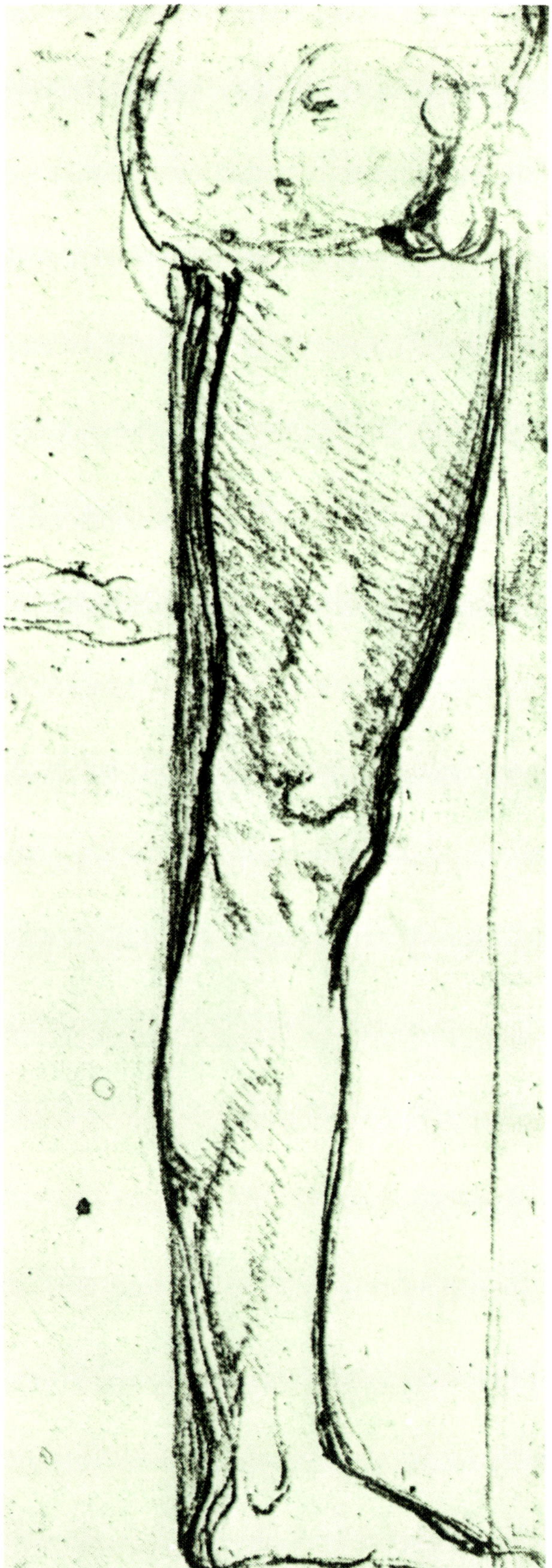

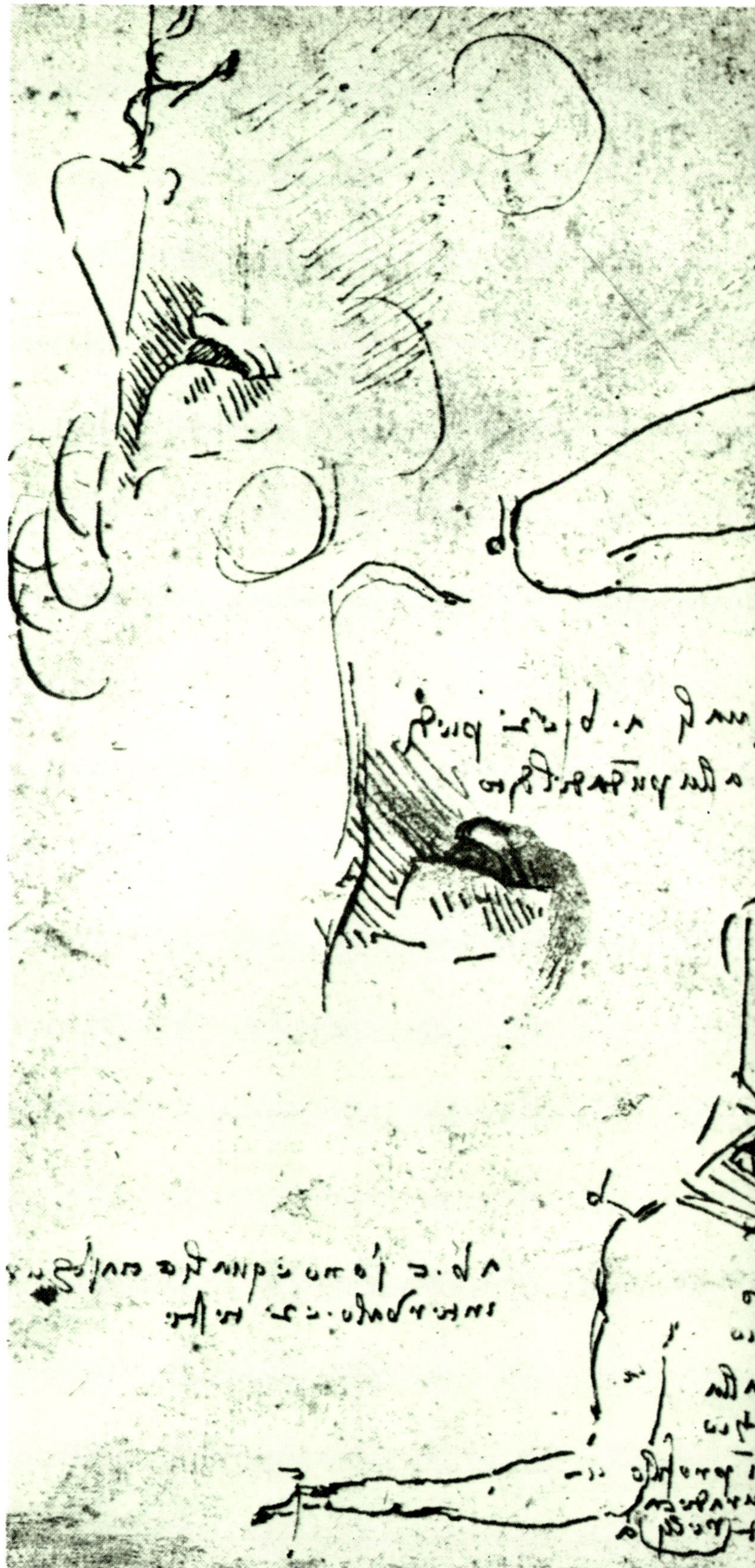

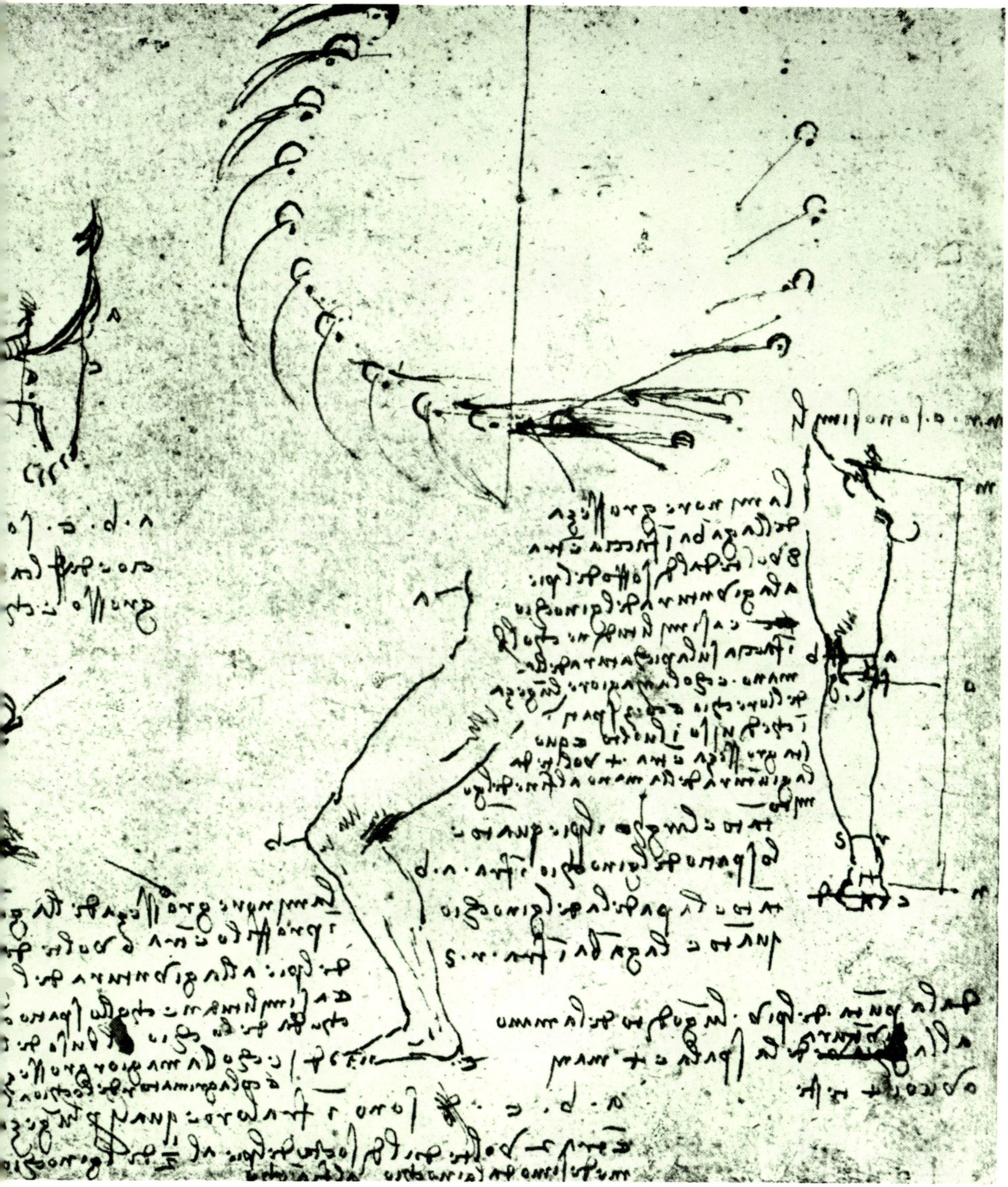

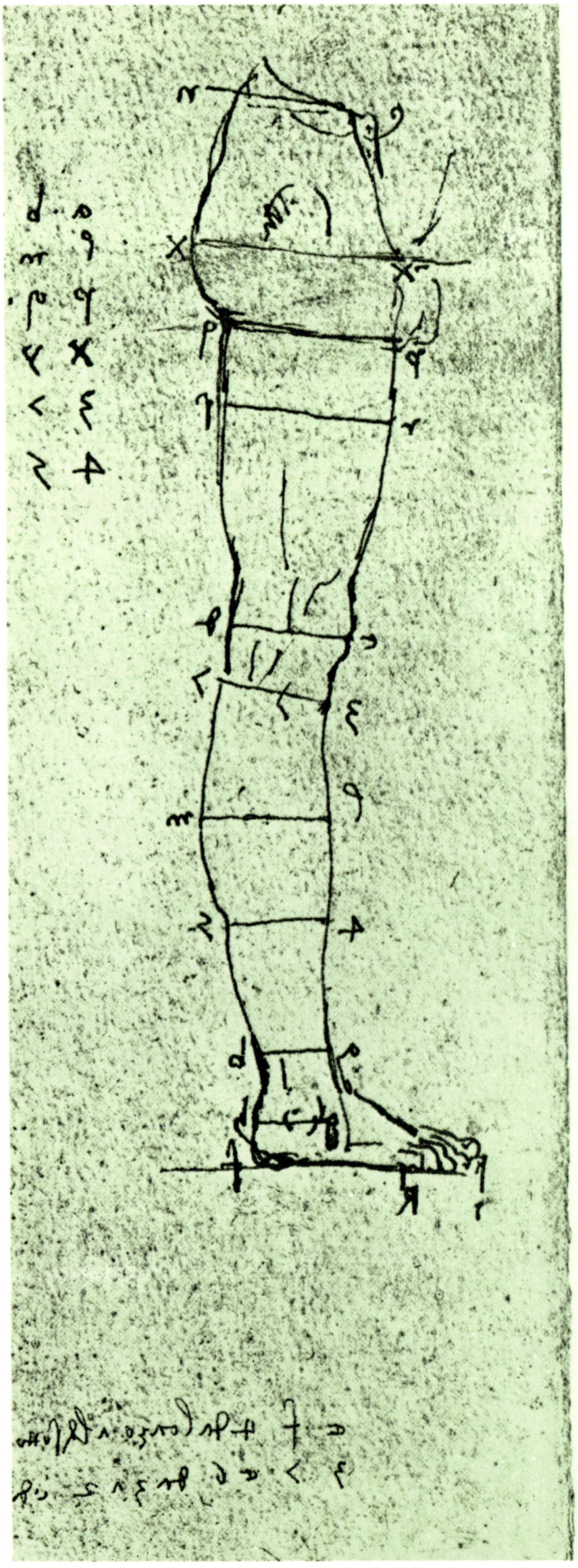

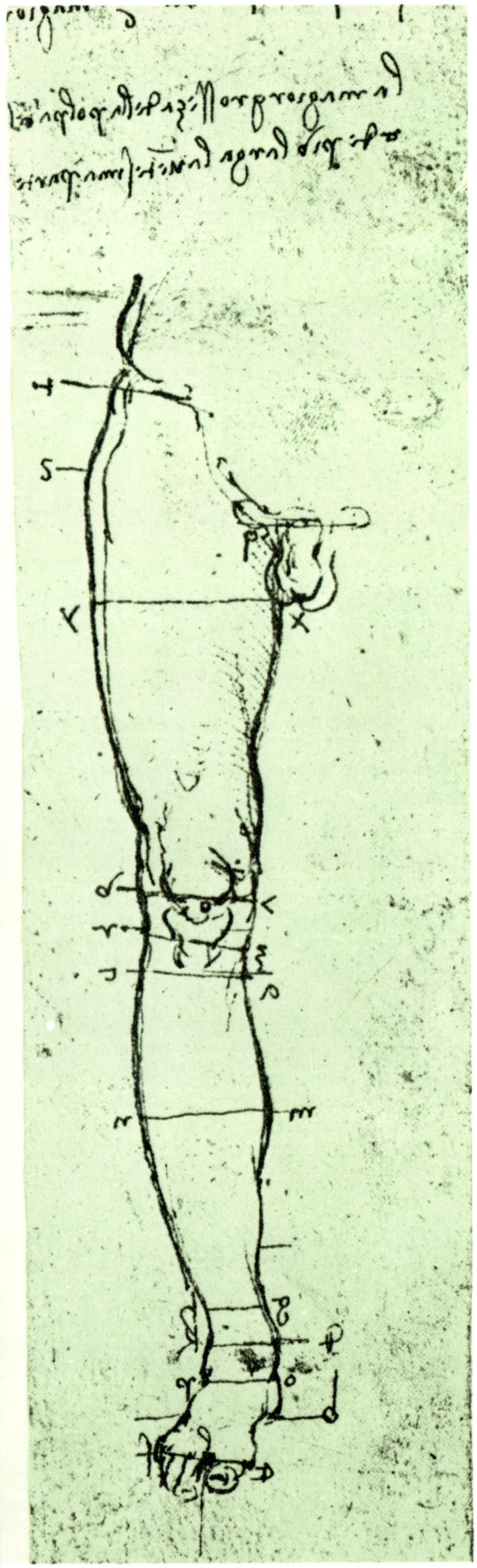

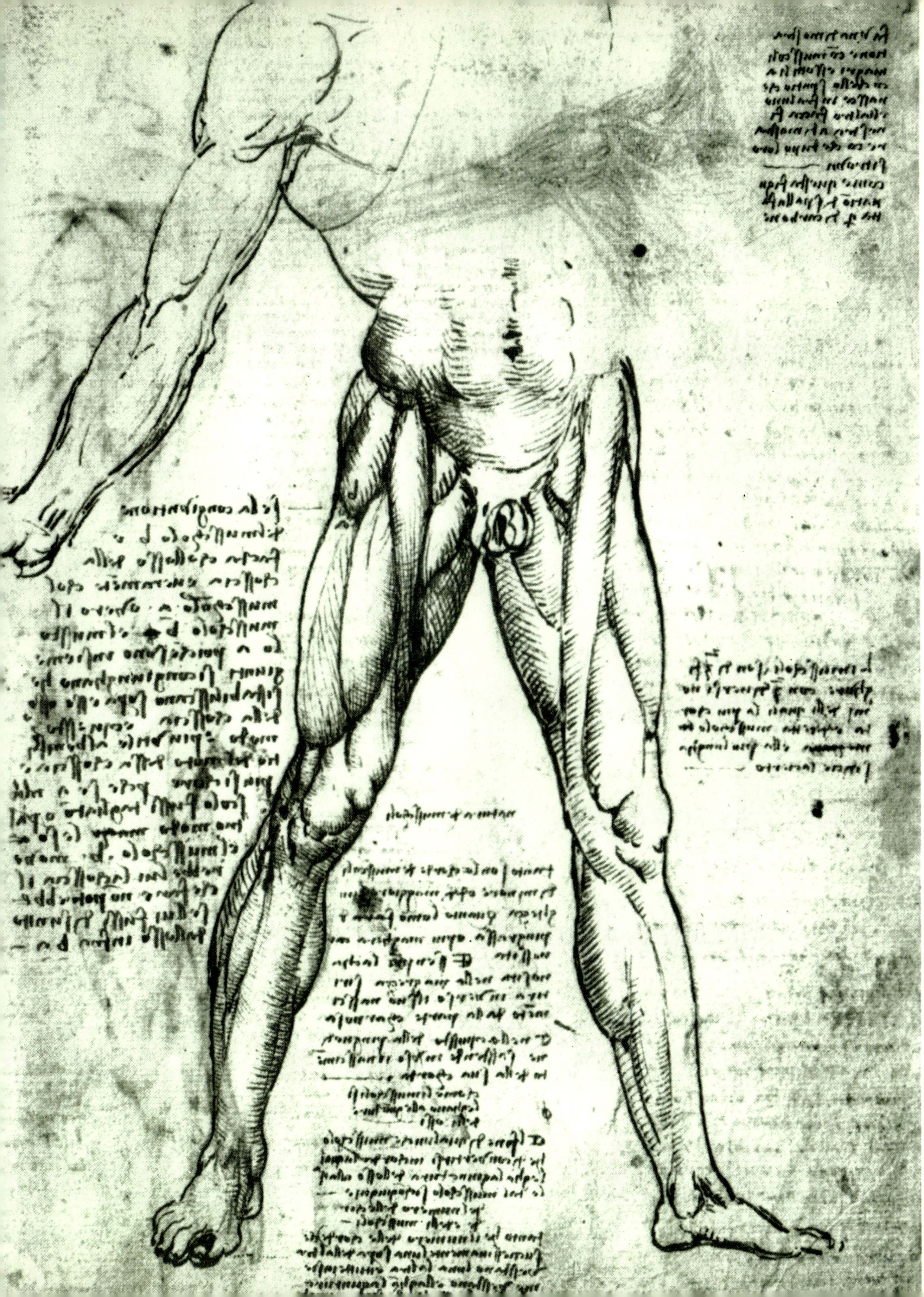

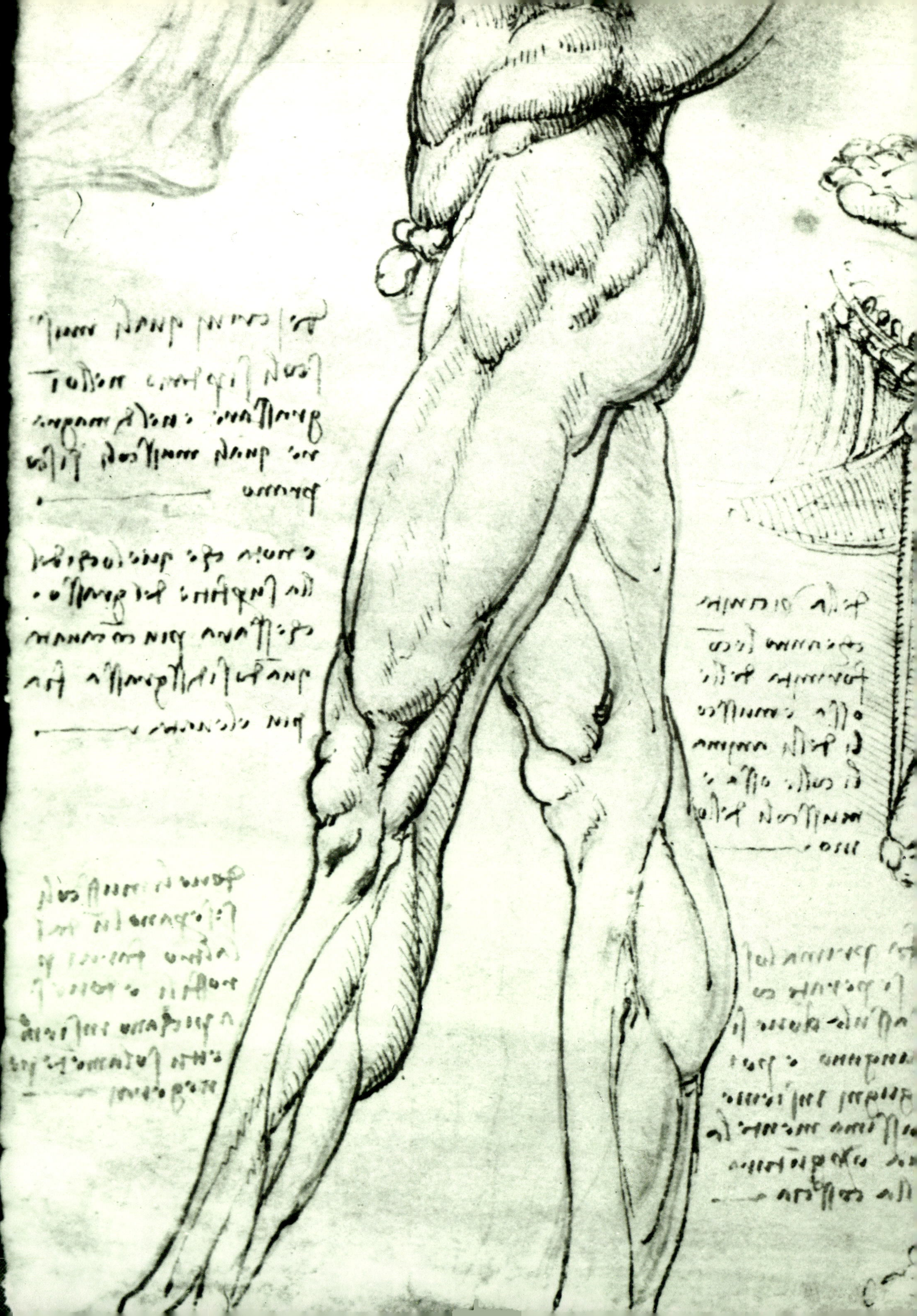

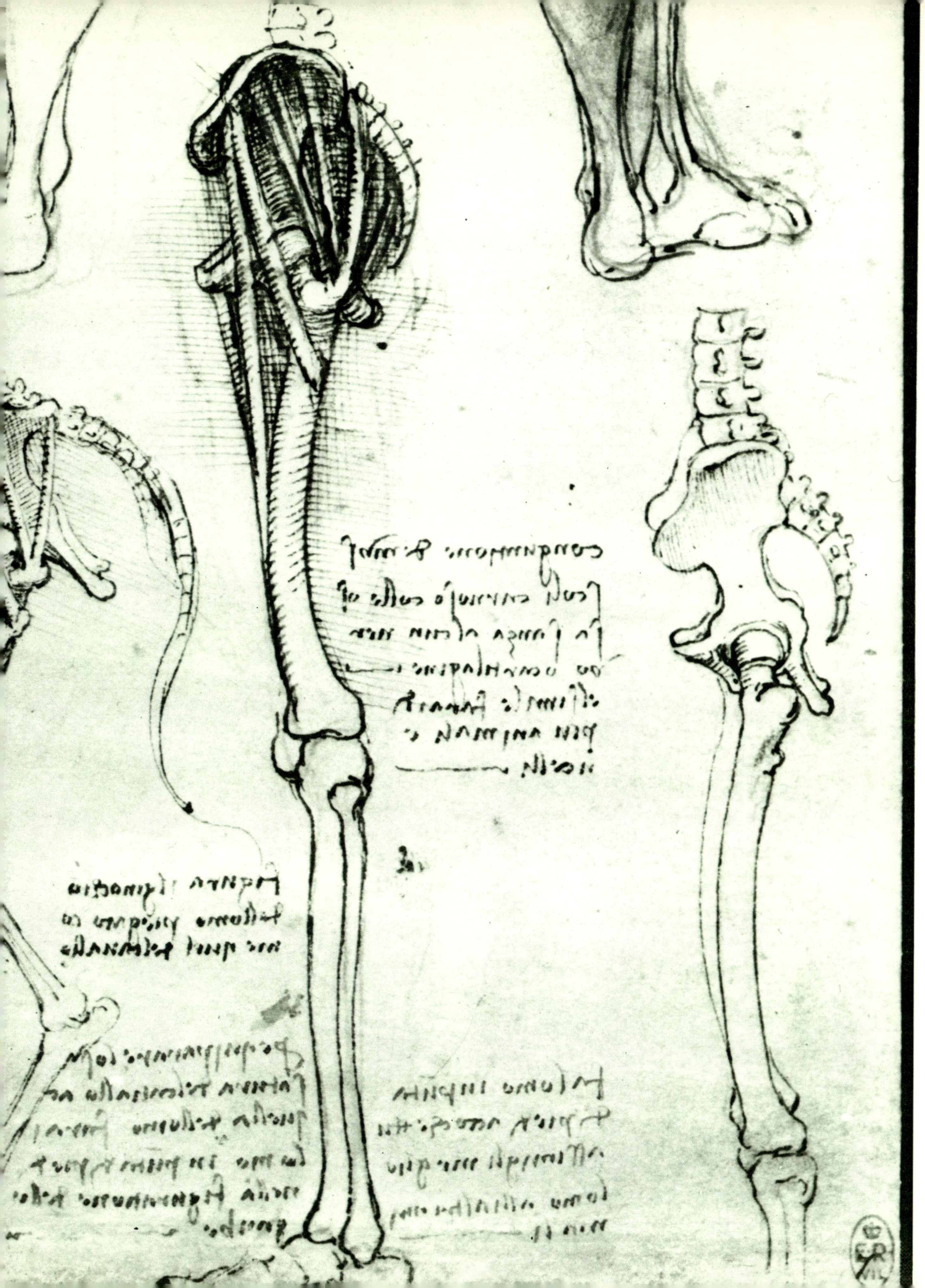

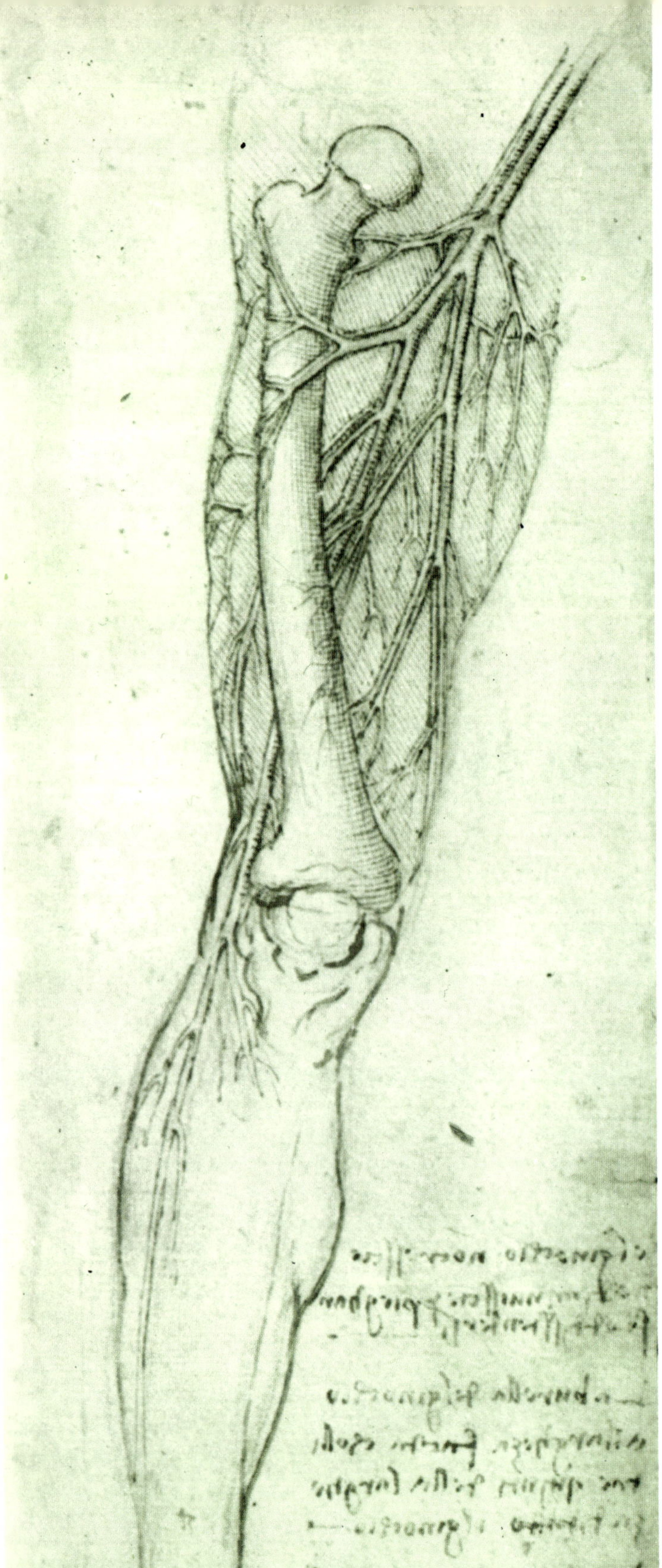

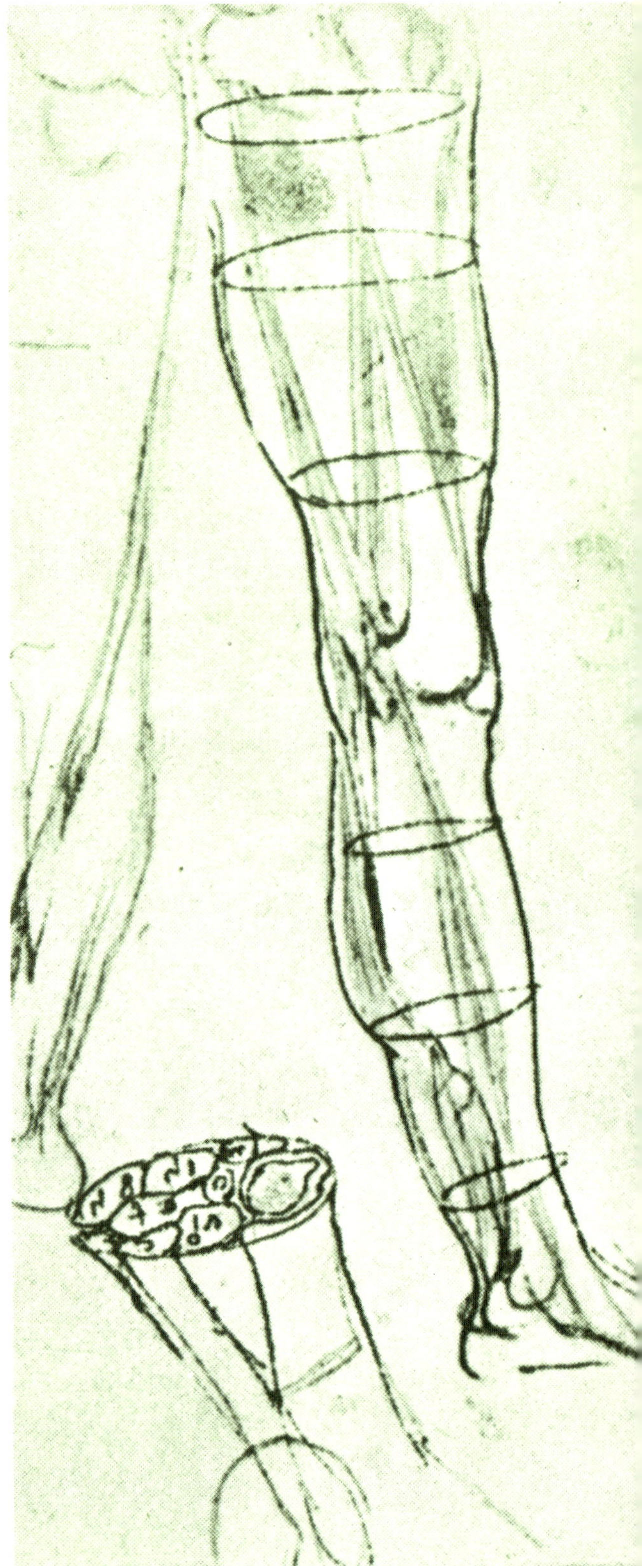

Zeige die Anatomie des Beins bis zur Hüfte, aus allen Blickwinkeln, bei jeder Bewegung und in jeder Stellung; Venen, Arterien, Nerven, Sehnen und Muskeln, Haut und Knochen; dann die Knochen im Querschnitt, um ihre Stärke zu demonstrieren.

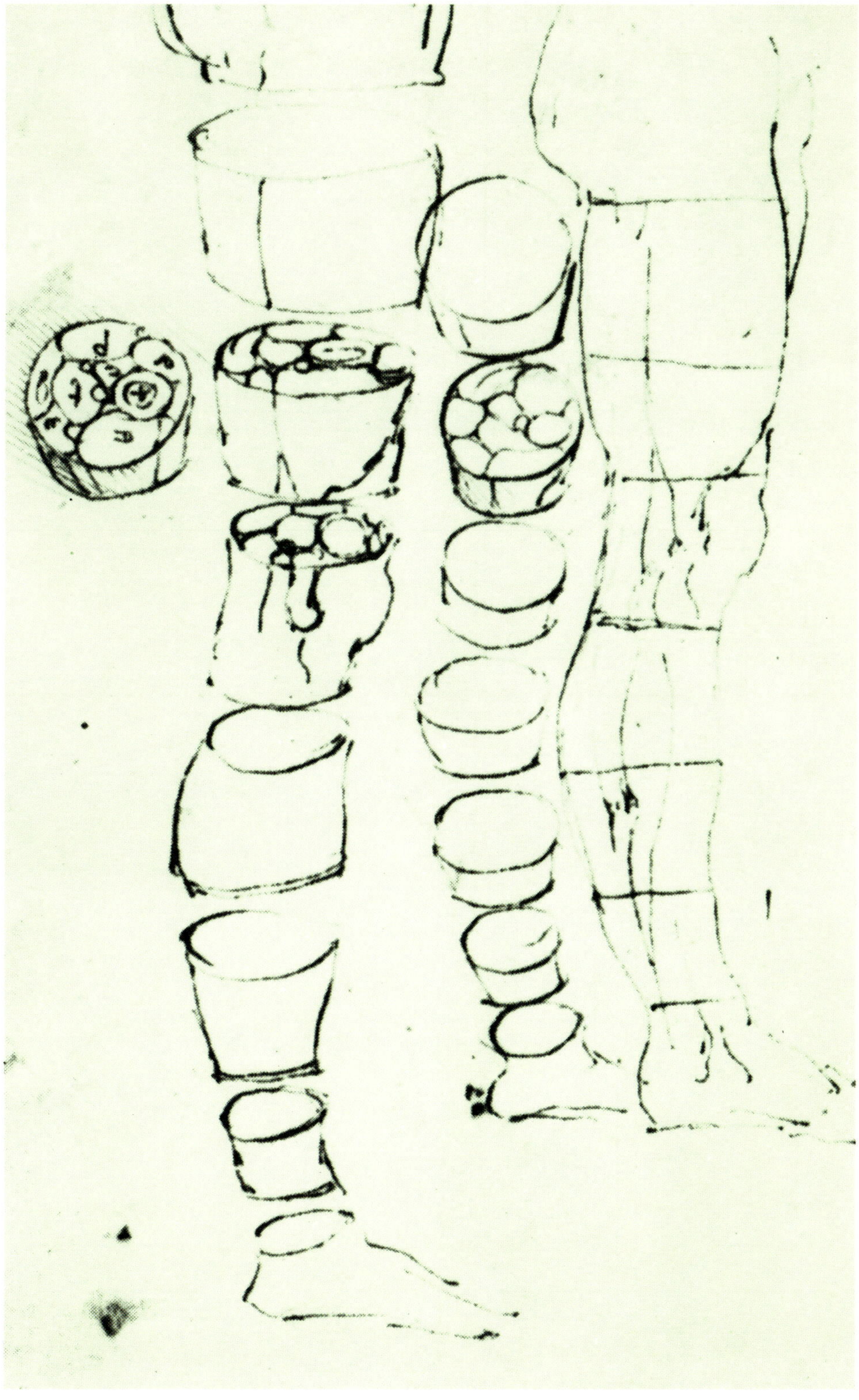

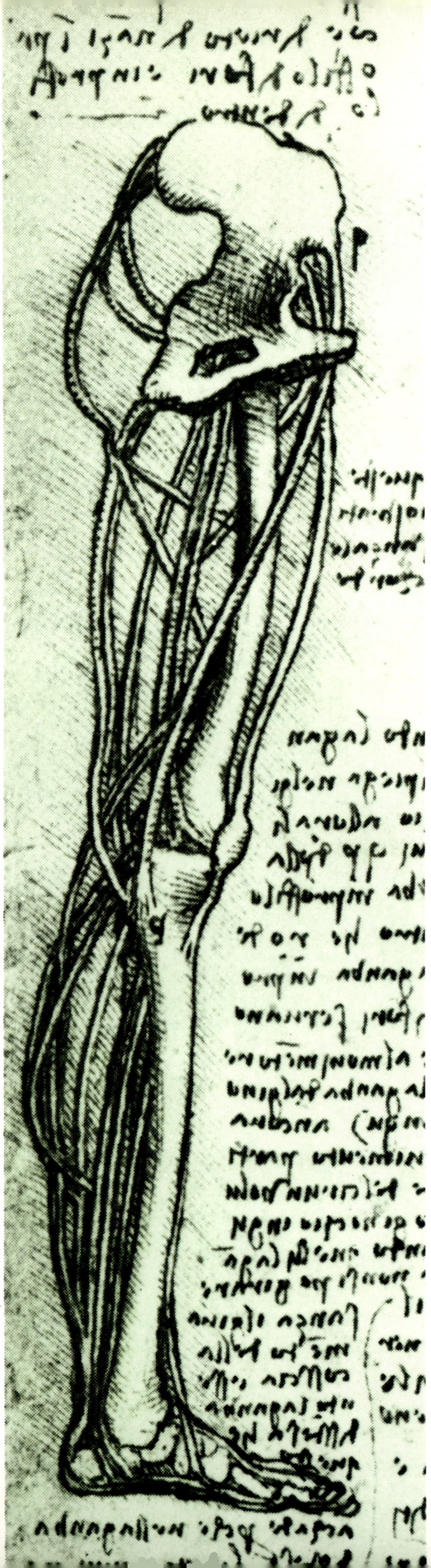

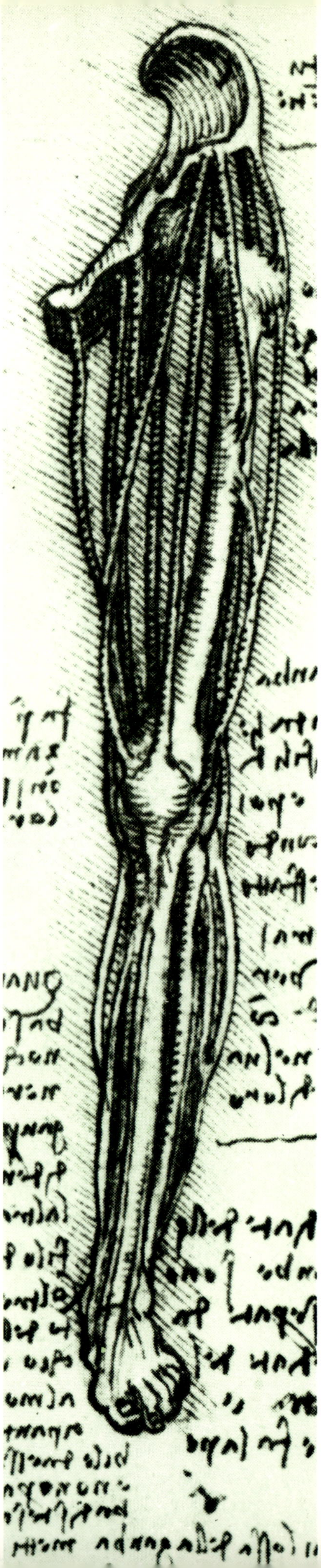

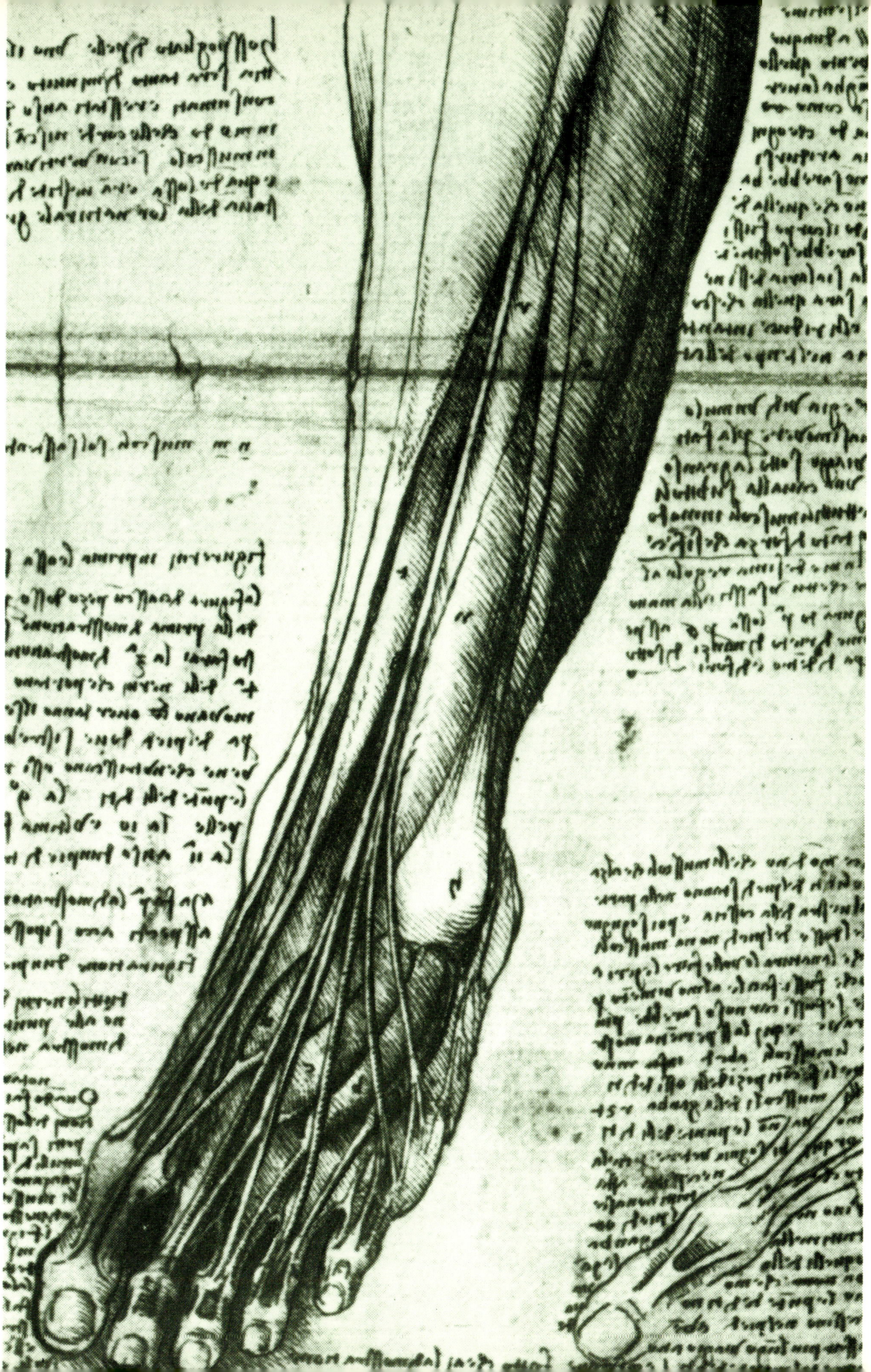

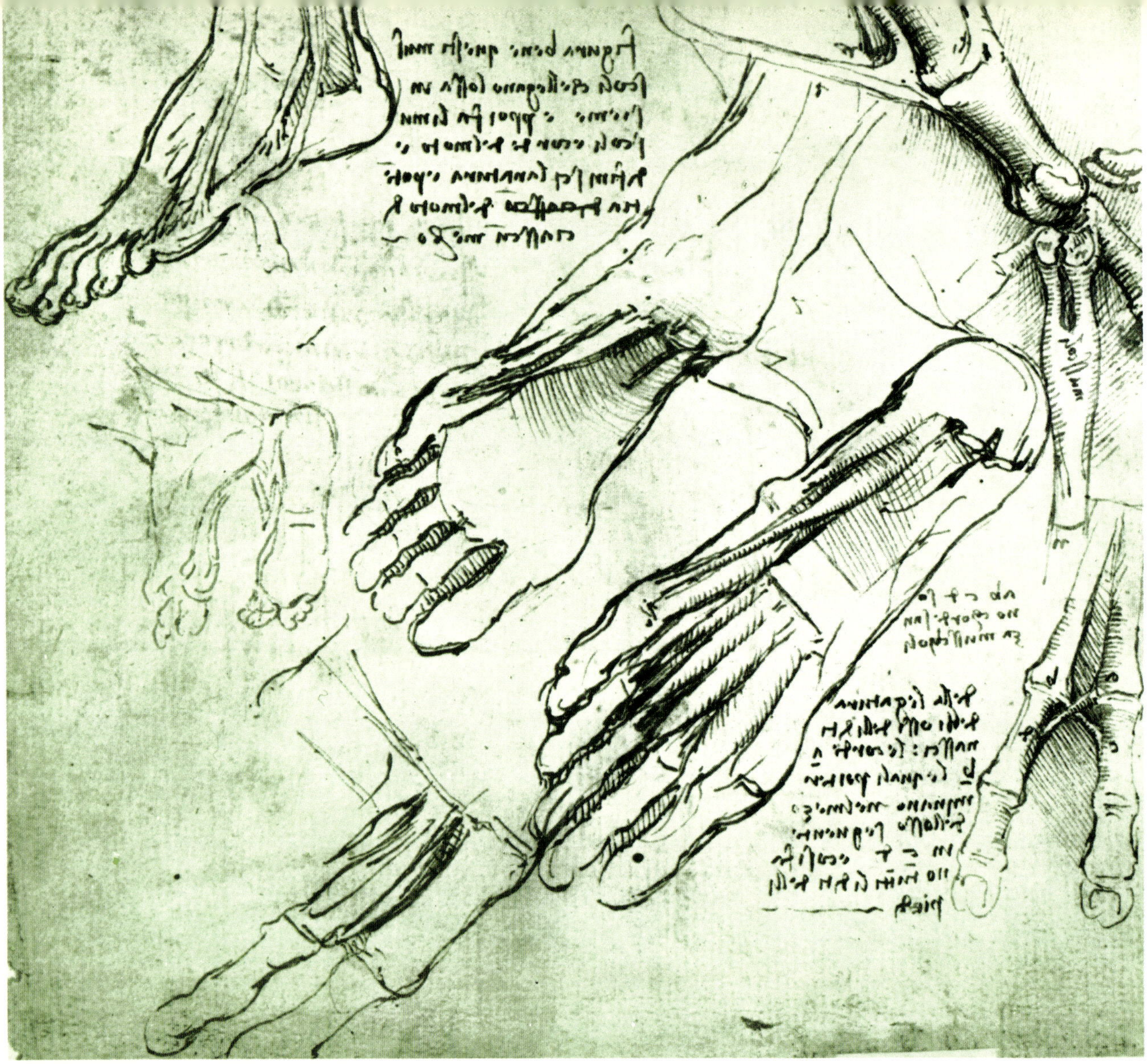

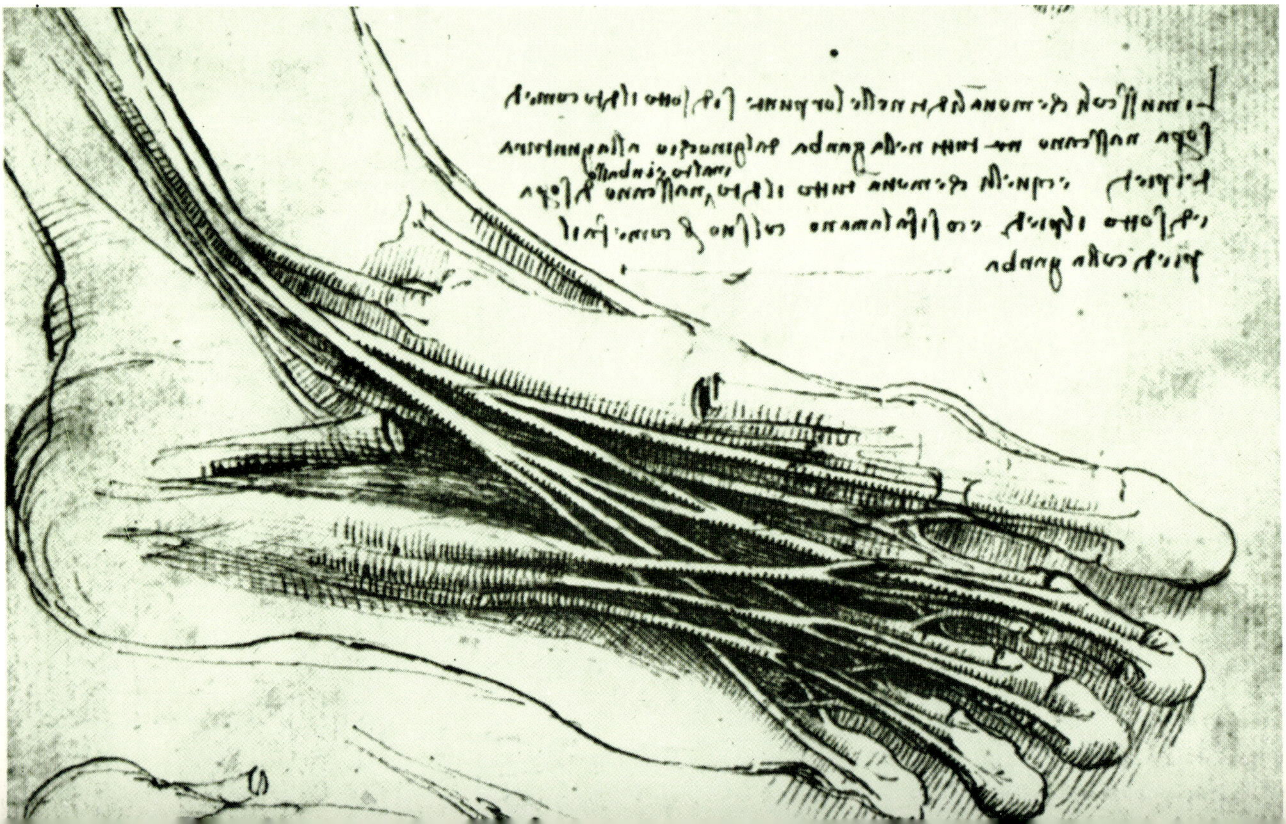

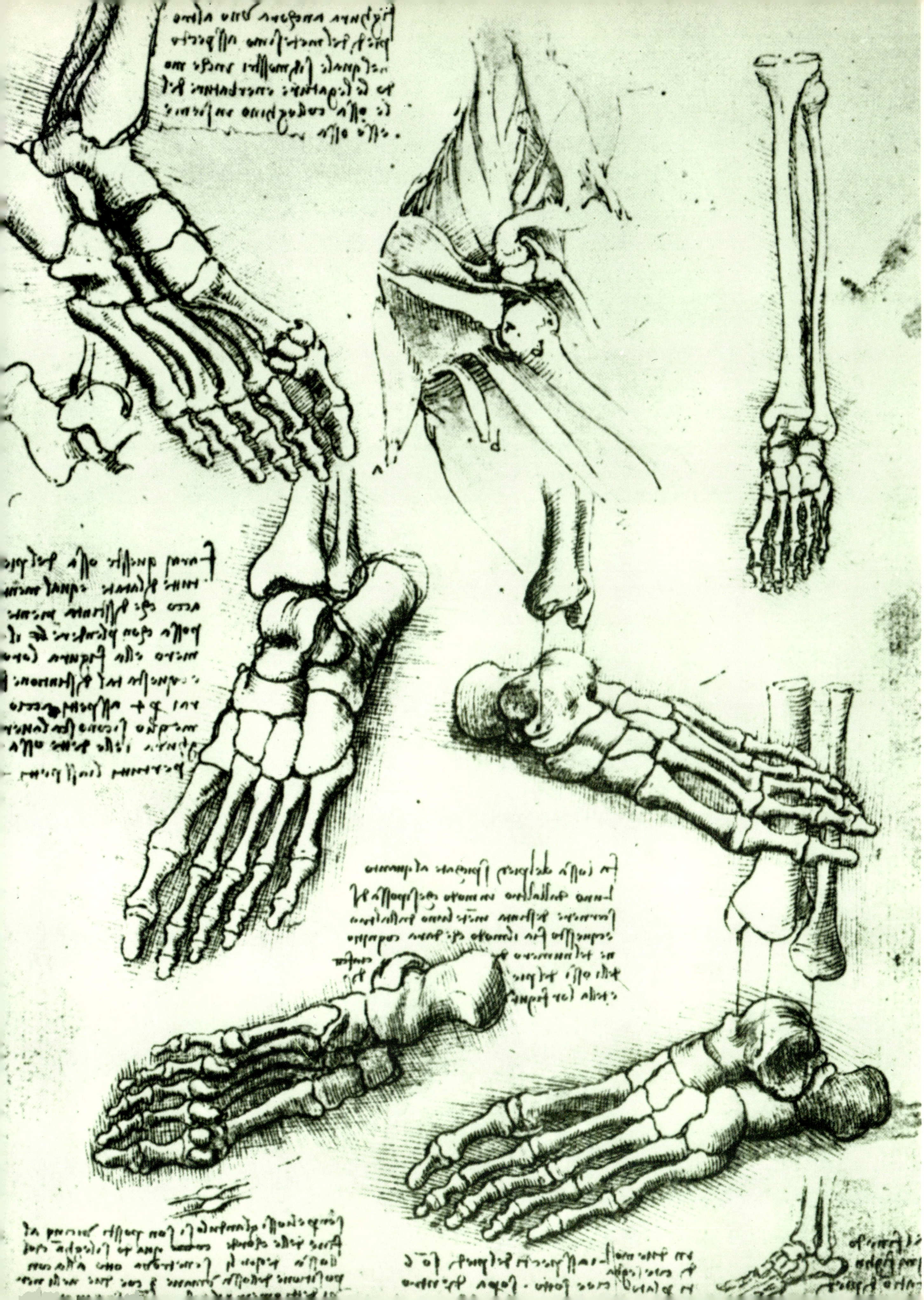

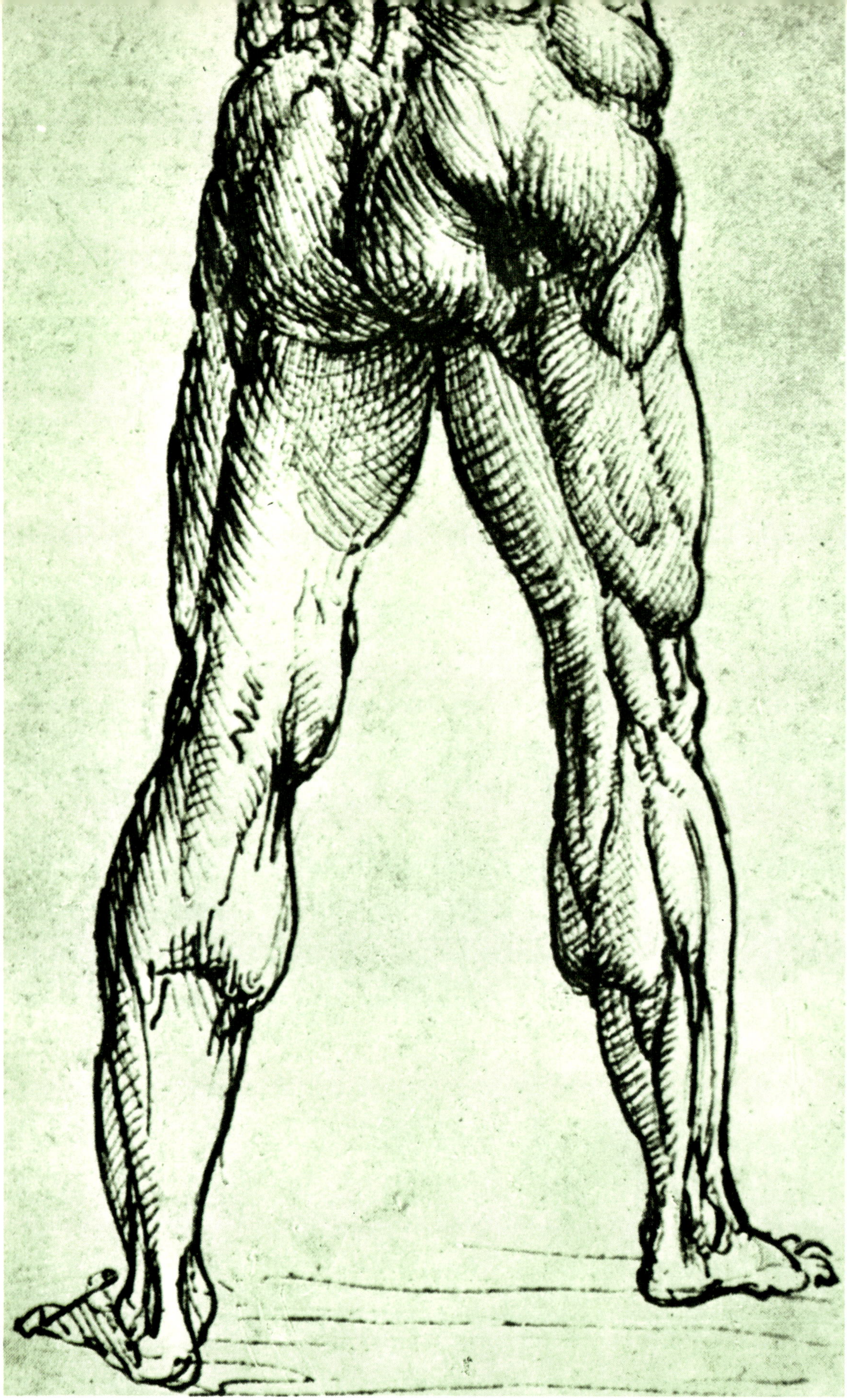

So war Leonardo als Anatom, und so war sein Werk. Es wäre sinnlos, darin nach Fehlern und Ungenauigkeiten zu suchen; vielmehr muß man die Fülle seiner Entdeckungen und Neuerungen bewundern.

Er war eine Revolution für seine Zeit, und obendrein ein Genie. Denn er war nicht ein gewissenhafter Forscher und genauer Beobachter, sondern gebrauchte auch seine Intelligenz und Intuition, um zu erraten und zu erahnen, was er noch nicht beweisen konnte. Es ist nur schade, daß er seiner intuitiven Phantasie einen zu schweren Tribut zollen mußte, so sehr er sich auch durch ständiges Streben nach wissenschaftlicher Objektivität davor zu schützen suchte. In seiner Forschungsleidenschaft griff er zu rein visionären Erklärungen, wobei er sich auf irrige humanistisch-philosophische Vorstellungen stützte.

Also eine Mischung aus Mängeln, die auf die Schwierigkeiten einer solchen Arbeit zu jener Zeit zurückzuführen sind, und stupenden Entdeckungen. Einerseits ein indiskutabler Wust von Ideen, die unkontrolliert aus dem Altertum und dem Mittelalter überliefert worden waren; andrerseits und vor allem aber eine außergewöhnliche technische Revolution, die Grundlage der modernen anatomischen Forschung und Zeichnung.

Und alles zusammen ist überstrahlt vom Geist des genialen Künstlers, dessen Entdeckungen erst nach mehreren Jahrhunderten bestätigt und überholt worden sind.

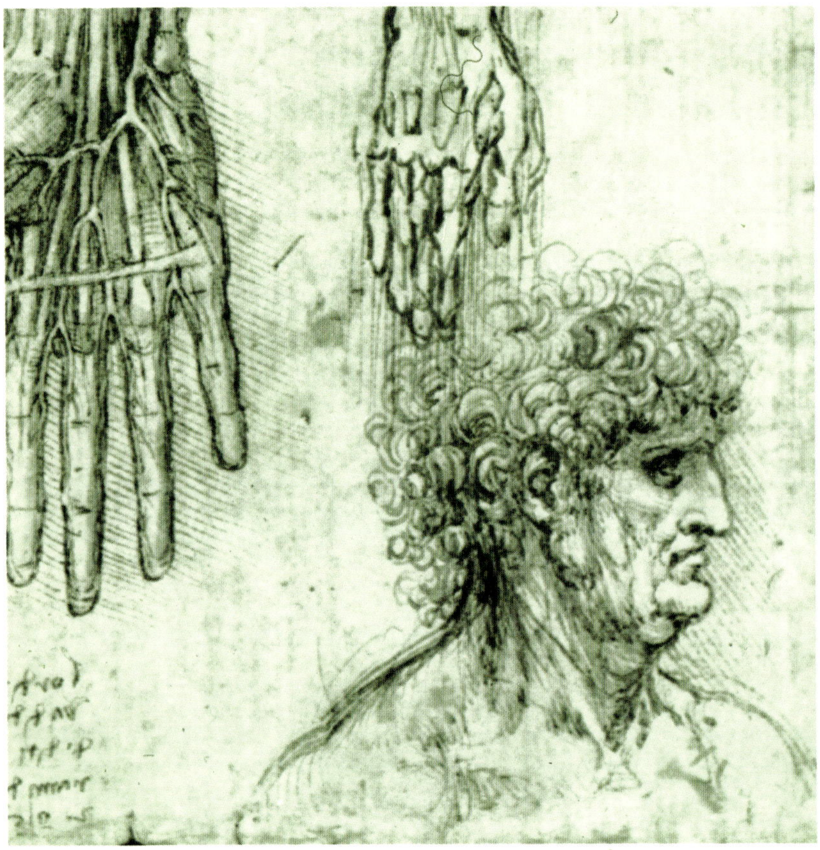

Anderson-Gir. 23 – Bibliothèque de l'Institut, Paris/Giraudon 14 – Biblioteca Ambrosiana, Milano/Giraudon 102 – Giraudon 62a, 66b – Viollet 27a, 31, 58, 99.
Windsor Castle : photographies A.C. Cooper.

Designed and produced by
Productions Liber SA

Printed by
Printer, industria gráfica sa
Tuset, 19 Barcelone, Espagne
Depósito legal B. 22336-1978
Printed in Spain

ISBN 3-88059-123-7

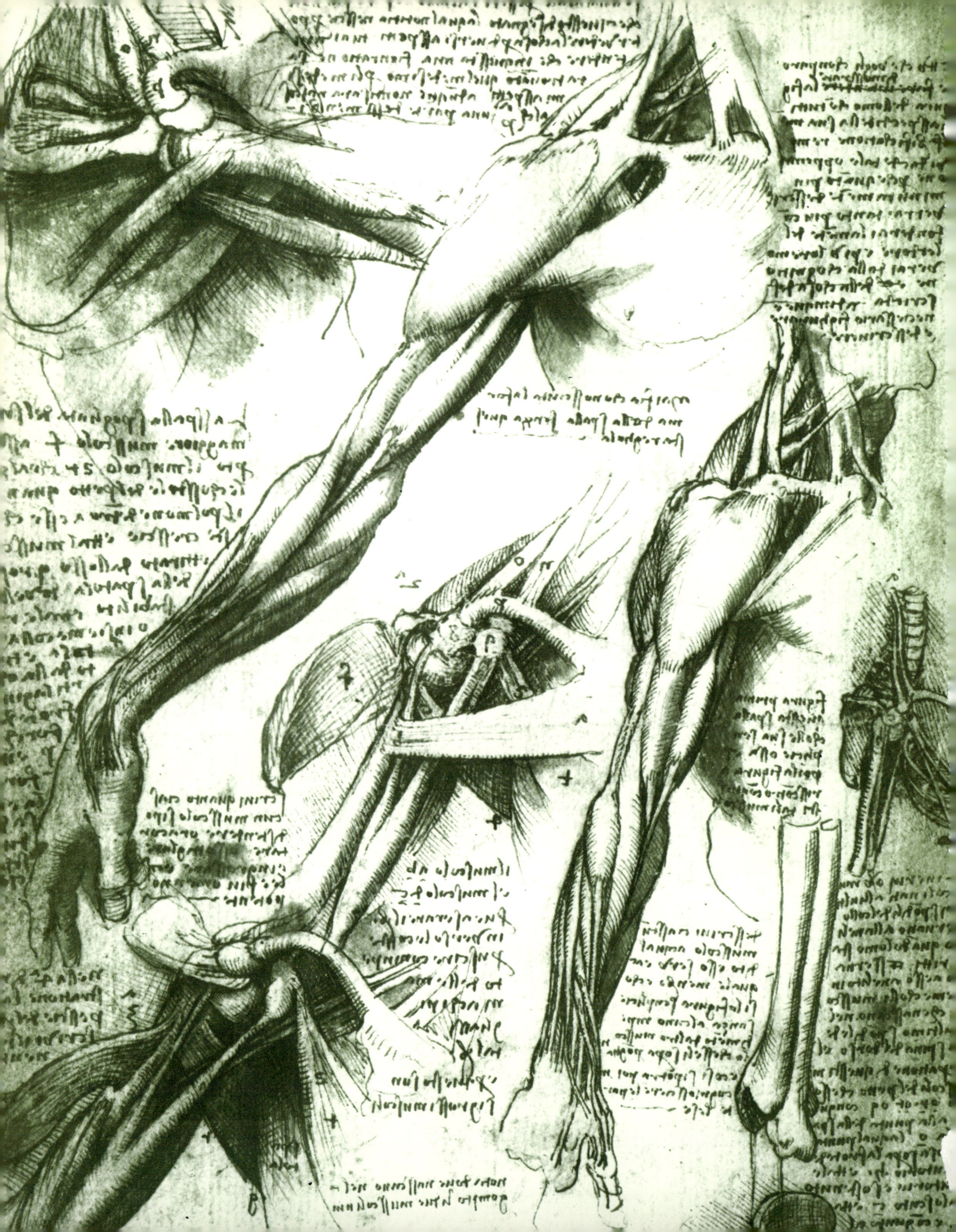